算数アクティビティとは？

　算数アクティビティとは、単なるゲームや遊びではありません。単なるゲームや遊びなら、算数の授業で行う必要はありません。休み時間にすればいいでしょう。算数アクティビティとは、簡単にいえば、

　　　　　算数の授業で子ども達が楽しく取り組む算数の活動

のことです。

　本書で「算数ゲーム」ではなく、「算数アクティビティ」としたのには理由があります。それは、「勝敗」がメインではないからです。

　算数アクティビティは、以下の2つのことをとても大切にしています。

- **子ども達の算数に関する力を育てること**
- **算数の学習やねらいに結び付いた活動であること**

　そして、算数アクティビティは、教師にも、子ども達にもよさがあります。教師にとっては

- **「すぐ取り組める」**
- **「子ども達の算数の力がアップする」**
- **「子ども達の笑顔を見ることができる」**
- **「子どもの心をつかむことができる」**

　子ども達にとっては

- **「算数の力がつく」**
- **「楽しく取り組める」**

という点です。そして、次のことが成り立ちます。

「学ぶ（見る・聞く・書く・考える）
　　　　＋遊ぶ（手を動かす、体を使う、声に出す）
　　　　　　　　　＝より深く算数の力が身につく」

　算数アクティビティはよいところばかりです。どうですか？　算数の授業に算数アクティビティを取り入れたくなってきませんか？

　本書では、1年生から6年生までの子が取り組める200個の算数アクティビティを掲載しました。ぜひ1度、取り組んでみてください。

　　　　　　　　　　　　　　　　　　　　　　　　　樋口　万太郎

算数アクティビティで大切にしていること

　このページでは「子ども達の算数に関する力を育てる」「算数の学習やねらいに結び付いた活動」についてもう少し説明します。
　楽しいだけのゲームや遊びならたくさんあります。でも、授業は楽しいだけではダメなのです。なぜなら、
　　　　　　「算数としての楽しさ」や「教科としてのねらい」
がないとダメなのです。

　算数とは少し離れますが、外国語活動になると、金髪のカツラを被り、「ジェームズ」などと名乗り、ハイテンションで授業を進める男の先生がいました。いつもとは違う先生のテンションの高さや格好から、子ども達もノリノリでとても楽しそうに外国語の発音を練習したり、活動をしたりしていました。しかし、授業の回数が進むにつれて、子ども達のテンションは落ちていきました。先生のテンションの高さは変わっていないにもかかわらず、です。
　そして、その先生はそのような子ども達の様子に腹を立て、挙げ句の果てに「どうして盛り上がらないんだ！いつものようにしなさい！」と叱ってしまったのです。もうお気づきかもしれませんが、この金髪のカツラを被り、ハイテンションで授業を進めていた先生とは、私のことです。
　どうして、そのようなことが起こったのでしょうか。今、その当時をふり返ってみて、その原因がよくわかります。それは、
　　　　　　子ども達がその教科特有の楽しさを味わえていない
からです。テンションや格好など普段と違うことへの楽しさ、ゲームとしての楽しさだけしか経験していなかったのです。こういった「楽しさ」だけでは継続が難しいのです。あるスマホのアプリも同様です。最初は話題となり、多くの方がプレイをされていました。しかし、いつの間にかプレイをしなくなったという話をよく聞きました。私もそうでした。三日坊主でした。こういった続かない楽しさをみなさんも経験されたことがあるのではないでしょうか。

つまり、

「楽しさ」＋「教科としての楽しさ」

がなければならないのです。教科としての楽しさがあるということは、教科としてのねらいもそこにはあります。外国語活動を例として書きましたが、これは算数でも同じことがいえます。算数なら算数としての楽しさを、外国語活動なら外国語活動としての楽しさが必要なのです。

「楽しさ」と「教科としての楽しさ」をあわせた状態を100とした時に、その割合はそれぞれの学年によって異なります。
　低学年から高学年に上がるにつれて、下の表のように変化させていく必要があります。低学年は楽しさ重視で、そして学年が上がるにつれて、「算数としての楽しさ」を増やしていくのです。高学年は、「楽しさ」だけでは、しらけてしまう子や、一緒にしない子が出るというのはみなさんも想像がつくのではないでしょうか。

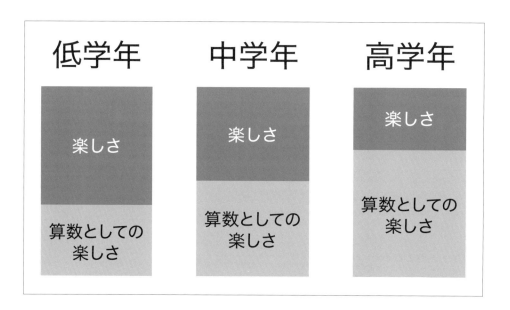

最近、アイスブレイクを行ったときにアイスをブレイクするどころか、よりアイスにしていくという話を聞いたりします。研修などでアイスブレイクを私自身経験することもありますが、中にはちょっと恥ずかしいと思うようなこともあります。例えば、私は男女で手をつないでというのは苦手です。まだ知り合いであれば、大丈夫ですが、あまり親しくない人だとドキドキが止まりません。大人がそう思うということは、子どももそう思うということです。そうさせては逆効果です。そして、前ページのように叱ってまでさせては、意味がありません。だから、算数アクティビティでは、
目の前の子ども達の実態や授業のねらい
に応じて、200個のアクティビティから選択をして欲しいのです。

算数アクティビティで教師力がアップ！

　「子ども達の心をつかむことができる」ことは教師にとって大変なプラスです。そして、「指示や説明する力が伸びる」「教育的ざわめきに慣れる」「子どもを見る力」という教師力もアップします。ここでは、これらについて説明します。

① 　子ども達の心をつかむことができる
　算数アクティビティは、短時間で楽しく取り組めるものばかりです。私は、4月の算数の授業びらきのときに必ず行います。学級びらきに行ったこともあります。算数アクティビティを行うと算数嫌いの子ども達が、
「またしたいな！」と思うだけでなく、
「今度の担任の先生は、何か一味違うぞ！？」
「何か面白いことをしてくれるな」
などと思ってくれる場合があります。そうなればスタートダッシュに成功したも同然です。そして少しつまらない授業をしてしまったとしても、子ども達はついてきてくれます。ちなみに私は、算数の授業びらきでは「たし算じゃんけん」（18、19ページ）を行います。

②　指示や説明する力が伸びる

　「指導言」というものを知っていますか。指導言とは、授業において教師が児童に働きかける言葉のことであり、「発問・指示・説明」の3つに大きく分類をしたもののことです。

　私が以前4人の初任者を指導をしているときに感じたことが、簡潔に説明する大切さでした。1つの指示や説明が長いのです。同じ話が何度も出てくるのです。私もそうでしたが、相手に伝わったのか不安になり、同じことを何度も言ってしまうのです。そうならないために、子ども達の目を見ながら、

一文を短く

ゆっくり

間をとって話す

ことを心がけて取り組むことが大切です。算数アクティビティをする際、説明がダラダラ長いと子ども達は飽きていきます。話を聞いていません。どんどん時間が削られていきます。面白そうなことが目の前にあるのに、それを前に長い時間待たないといけない。もう子ども達にとっては苦痛でしかありません。楽しい時間が削られると、子ども達から恨まれます。「早く、させてよ！」と反発していきます。そうならないためには、子ども達にわかりやすく説明するしかありません。だから、上の3点を意識して算数アクティビティのルールを説明することをくり返すことが、指示や説明する力を伸ばすことにつながるのです。

③　教育的ざわめきを認めよう

　授業は静かな方がいいのでしょうか？　騒がしい方がいいのでしょうか？

　この算数アクティビティは教室中が騒がしくなります。あまりの大声には「もう少し声の大きさを小さくしてみよう」と言いますが、基本的には何も言いません。授業は静かな方がいいと思われるかもしれませんが、この算数アクティビティでは騒がしいほど子ども達は楽しんでいるということになります。話し合いをしているときも一生懸命に話をしているとき、「話し合いストップ」と言われても話し続けているときは静かな状態ではありません。関係ない話をしていて、騒がしいのであれば叱るべきですが、学習のことで話し合って、騒

がしい（私はこういう状態を「教育的ざわめき」と言っています）のであれば、それはアクティブに取り組んでいる証拠です。そういった教育的ざわめきを認めてあげましょう。

④　子どもを見る力
　算数アクティビティをしているときは、教師は、基本的には子ども達と一緒にはしません。その間、子ども達の様子を見てサポートにまわります。「ルールがよくわかっていない」「ゲームの中でつまずいている」など困っている子がいた時には、一緒にルールを確認したり、つまずいているところを解消します。(すべてを教師が解決するのではなく、子ども達同士でも解決させます。サポートの中で、一緒に取り組むことはもちろんオッケーです。
　困っている様子がわかりやすい子もいれば、わかりづらい子もいます。そういった困っている子を見つけるには、子ども達をよく見ていないとできません。だから、教師がこういった経験を積み重ねることで、子ども達を見る力を育てることにもつながります。

算数アクティビティを行うときのポイント！

算数アクティビティを行うときのポイントを4つ紹介します。

①　とりあえず算数アクティビティを行う
　前のページでも書きましたが、算数アクティビティを開始するときは、
「今日は〇〇をするよ」
と言い、ルールを簡潔に説明したあと、とりあえず算数アクティビティを行います。
　ルールが完全にわかってから行うのではなく、実際に行うことでルールを定着させていきます。何か、トラブルがあればそのつど説明を加えていけばいいのです。

iPadには説明書がついていません。しかし、子ども達に渡すとあっという間に操作ができるようになります。やってみては失敗し、やってみては失敗しをくり返しているからです。先生の方が心配してしまう気持ちもわかりますが、子どもを信頼して任せてみましょう。

② 余韻を残すぐらいの時間設定
　本書ではそれぞれのアクティビティに目安の時間を設定しています。例えば5分と設定して行ったとき、まだまだ続けたい様子が子ども達から見えたとしても、キッチリ5分で終わりましょう。子ども達の楽しんでいる様子を見て、ついつい時間を延ばしたくなる気持ちもわかりますが、
余韻を残すぐらいの終わり方
がいいです。そうすると、「明日もしたい」「早く算数の授業が来て欲しい」となるからです。もしかしたら休み時間に子ども達同士で取り組むようになるかもしれません。そういうときは制限するのではなく、自由にさせてあげましょう。以前の樋口学級では、遠足でバスを使ったときに、バスの中で「ヌメロン」（122、123ページ）を多くの子が行っていました。
　本書を学級文庫に置いておくと、子ども達が本書を見て、アクティビティを選んで、取り組むようになるかもしれません。

③ トラブルは成長するためのきっかけ
　算数アクティビティを行っていると、けんかといったトラブルがあるかもしれません。でも、慌ててはいけません。それほど熱心に取り組んでいる証拠です。だから、教師の方から「そんなことをするのなら、もうしませんよ」などと言うことはNGです。
トラブルが起こったときは、クラスが成長するきっかけ
と思うぐらいの気持ちで取り組んでみましょう。

④ どのアクティビティを選択するのか
　1年生向けに紹介しているアクティビティも、6年生の子ども達は十分に盛り上がります。

私は、最近セミナーや校内研究会で話をするときに、必ず算数アクティビティを取り入れるようにしています。アクティビティをするまで、静かにシーンとされていた先生方が急に子どもに戻ったかのように盛り上がります。「ストップ！」と言っても続けてされている方もいるぐらいです。大人が盛り上がるくらいですので、6年生の子ども達でも十分に盛り上がります。私の中では、

**　　　　　大人が楽しいと思うことは、子どもも楽しい**

と考えています。
　基本的には

**　　　　既習であれば、どの学年でも取り組むことができるよう**

にしています。（例えば、5年生が1年生のアクティビティを行う）
　逆に下の学年の子たちが上の学年のアクティビティに取り組むことは難しいです。（例えば、1年生が6年生のアクティビティを行う）もし実際に行って盛り上がったとしても、先行学習の子ども達が盛り上がるだけです。
　また、低学年で四則計算の基礎・基本について学びますので、低学年の方がアクティビティの数としては多くなっています。たし算・ひき算・かけ算のアクティビティが多いのは、高学年でもやはり大切だからです。ただし、くり返しになりますが、低学年のアクティビティは中学年、高学年のどの子でも取り組むことができます。
　アクティビティのルールを覚えるときと同じように、九九を覚えていなくてもできるアクティビティがあります。アクティビティをしながら九九を覚えることができるようにしています。
　前から順番にアクティビティを行っていく必要はありません。子ども達の実態に応じて、選択して取り組んでください。

アレンジをしよう！

　本書ではアレンジを含めて、200個の算数アクティビティを掲載していますが、アレンジ次第ではさらに増える可能性があります。

　例えば、「算数じゃんけん」では、出す指の本数を変えれば、それだけでアレンジの数が増えます。本書に掲載している数値は、樋口学級で実際に行い、子ども達が盛り上がった数値を設定しています。あくまで樋口学級で、です。みなさんの学級の子ども達の実態とは異なります。だから、
　　　　　　数値やルールをアレンジしたりして、取り組むこと
が大切です。

　何かうまくいかないなと思ったときは、目の前の子ども達にあっていない数値やルールなのかもしれません。そういったときは、数値やルールをアレンジしましょう。

　数値やルール設定を失敗したらどうしようと思われる方もいるかもしれませんが、失敗をしても気にせず、「トライ＆エラー」の精神で取り組んでほしいのです。私も数値設定を失敗するときもあります。

　「どうしたらもっとアクティビティが面白くなると思う？」と子ども達に聞き、数値やルールのアレンジを考えさせてもいいです。このとき、
　　　　　一度自分たちで実際に取り組んでから、教師に提案
という形をとると、どの子も楽しく取り組めるアクティビティになるための数値やルールを子ども達が考えてくれるようになります。

　さらに、アレンジしたアクティビティのルールなどの説明も子ども達にさせてもよいです。説明書を作らせ、教室に掲示したり、印刷して配布したりしてもよいです。

　こういったことができれば、算数としての力を育てるだけでなく、よりクラスとしての仲を深めることにもつながっていきます。

本書の使い方

① **単元名**
どの単元で実施するのが有効かを示しています。複数の単元で実施できる場合は、複数の単元名を表示しています。

② **学年**
対象となる学年を表示しています。
あくまで目安ですので、対象学年より上の学年でも取り組んでも盛り上がること間違いなしです。

③ **アクティビティ名と番号**
アクティビティの名前です。番号は1から200までの通し番号となっています。

④ **人数・場所・時間・準備物**
実施する際の目安となる情報を示しています。目安となる「人数」「時間」「準備物」と、好ましい「場所」を示しています。

⑤ **めあて**
ねらいとなる力や単元を示しています。
どんな力を育てることができるかがわかります。

⑥ **タイミング**
アクティビティを行うのに好ましいタイミングを示しています。ご自身がやりやすいと思ったタイミングで行ってください。

⑦ **進め方**
進め方と声かけの例を載せています。
進める際の参考にしてください。

⑧ **ワンポイント**
アクティビティを行う際の大事なポイントや注意する点を載せています。

⑨ **アレンジ**
本書の特徴ともいえるポイントです。
基本の形にアレンジを加えることにより飽きさせず、取り組むことができます。

⑩ **教師の目**
アクティビティを行っている際の「教師の」動き方、言葉かけ、評価のポイントを載せています。教科としての取り組みとするためのポイントを示しています。

算数アクティビティとは？………2

第1章 数と計算

アクティビティ名(ページ)	番号	学年				
（　）を探せ！………16	001 002 003 004	1				
たし算じゃんけん………18	005 006 007 008	1				
ひき算じゃんけん………20	009 010 011 012	1				
合わせて□ゲーム！………22	013 014 015	1				
トランプ神経衰弱メイク10………24	016 017 018 019 020	1	2	3	4	
たし算タイムアタック………26	021 022 023 024 025	1				
ひき算タイムアタック………28	027 028 029 030 031 032	1				
たし算・ひき算タイムアタック………30	033 034	1				
ババ抜き10………31	035	1				
10のかたまりを探せ………32	036 037	1				
しりとり計算………34	038 039	1				
式が見つかるかな………36	040 041	1	2			
たてよこ10………38	042 043	1				
数字狩りへ行こうよ！………40	044 045 046 047	1	2	3		

アクティビティ名(ページ)	番号	学年				
21を超えたらイヤよ………42	048	1				
回文式を探せ！………43	049			3	4	
トランプ計算ババ抜き………44	050		2	3		
マスピード………45	051		2	3		
かけて□ゲーム！………46	052		2			
わって□ゲーム！………47	053			3		
かけ算じゃんけん………48	054 055 056 057		2	3		
かけ算タイムアタック………50	058 059 060 061 062		2			
九九マス計算表………52	063 064 065		2			
九九表パズル………54	066 067		2			
九九表ビンゴ………56	068 069		2			
九九オリジナルソング大会………57	070 071		2			
交互かけ算ゲーム………58	072 073 074 075			3	4	5
100のまとまりを探せ！〜かけ算〜………60	076 077 078				4	
サイコロ計算大会………62	079 080 081 082					5 6
算数すごろくを作ろう………64	083	1				

12

アクティビティ名(ページ)	番号	学年					
算数すごろくで遊ぼう ………65	084	1					
トランプ２桁勝負 ………66	085 086 087 088 089	1	2				
整数じゃんけん ………68	090 091 092 093			3	4		
ブロックつかみ取り ………70	094 095 096 097			3	4		
○○の数はなんでしょう？ ………72	098 099 100 101	1					
１〜100までカウントアップ ………74	102 103 104 105 106	1					
倍数五目ならべ ………76	107 108 109 110					5	
計算ビンゴ ………78	111 112			3	4	5	6
10を作り出せ！ ………80	113 114 115			3	4	5	6
４を４つ使って！ ………82	116 117 118 119			3	4	5	6
分数ペーパーじゃんけん ………84	120 121 122 123 124				4		
小数ペーパーじゃんけん ………86	125 126 127 128			3			
小数点移動じゃんけん ………88	129 130 131 132				4	5	
かぶっちゃやーよ！ ………90	133 134 135				4	5	
ダウトを探せ！ ………92	136 137 138 139					5	
約数ひき算ゲーム ………94	140					5	

第２章 測定

アクティビティ名(ページ)	番号	学年					
時刻じゃんけん ………96	141 142 143 144 145	1	2				
宝箱はどこ？ ………98	146 147	1			4		
えんぴつ何本分を探せ！ ………100	148 149 150 151	1					
（ ）を体でぴったんこカンカン！ ………102	152 153 154		2				
重さは何g？ ………104	155 156 157 158			3			
○度を体で表現しよう ………106	159 160				4		

第３章 図形

アクティビティ名(ページ)	番号	学年					
折り紙を切り取って！ ………108	161 162 163						6
（ ）の形を見つけるまで帰れま10 ………110	164 165 166 167						6
図形で福笑い！ ………112	168 169	1	2	3	4	5	
（ ）㎠を作り出せ！ ………114	170 171 172				4	5	
1㎡で遊ぼう！ ………116	173 174				4		
1aドッジボール ………118	175 176				4		
1㎥を作り出せ！ ………120	177					5	

第4章 トピック

アクティビティ名(ページ)	番号		学年					
ヌメロン ………122	178	179	1	2	3	4	5	6
not 21 ………124	180		1	2	3	4	5	6
説明タイムアタック ………125	181		1	2	3	4	5	6
サイコロトーク ………126	182		1	2	3	4	5	6
まちがえている答えはどれ? ………127	183		1	2	3	4	5	6
板書の写真を並び替えよう! ………128	184		1	2	3	4	5	6
ふり返りビンゴ! ………129	185		1	2	3	4	5	6
板書まちがい探し! ………130	186 188	187 189	1	2	3	4	5	6
5・7・5ふり返り! ………132	190		1	2	3	4	5	6
ツイートふり返り! ………133	191		1	2	3	4	5	6
お休みの子へお手紙ふり返り ………134	192		1	2	3	4	5	6
ふり返りキャッチフレーズ ………135	193		1	2	3	4	5	6
#ハッシュタグふり返り ………136	194		1	2	3	4	5	6
筆談トーク ………137	195		1	2	3	4	5	6
黒板書き対決! ………138	196 198	197	1	2	3	4	5	6
( )書き! ………140	199		1	2	3	4	5	6
○×算数クイズ ………141	200		1	2	3	4	5	6

おわりに………142

第 **1** 章

数 と 計 算

たし算

001 (　　)を探せ！

人数 何人でも　　**場所** 教室　　**時間** 5分　　**準備物** なし

めあて
(　) には数・形が入ります。教師が言った数や形を探すことで、数の数え方や、図形の特徴を身につけます。

タイミング
1年生の1学期や、図形の授業のはじめに行います。

進め方（遊び方）
① 子ども達を全員立たせます。
② 教師が（　　）に1から10までの数を入れて伝えます。
　　例えば、「今から9を探せ！」。
③ それを聞いたら、あわせて（　）になるものを教室の中から探します。
　　（例えば、鉛筆4本と5本で、9本）
④ 見つけた子から座っていきます。
⑤ みんなで発表します。

ワンポイント！
最初は制限時間を1分くらいにすることをおすすめします。

001~004 (　)を探せ！

002 アレンジ ① 図形を探すバージョン

001の②③をアレンジします。

② 教師が（　　）に「さんかく・しかく・まる」のどれかを入れて伝えます。例えば、「今からさんかくを探せ！」。

③ それを聞いたら、身の回りにあるものからできる限りたくさんの三角（図形）を探します。

ワンポイント

子ども達は、三角・四角・丸という概念は日常生活で身につけていることが多いですが、あいまいなこともあるため、このアレンジは有効です。

003 アレンジ ② グループバージョン

001の②③をアレンジします。

② 教師が（　　）に1から10までの数を入れて伝えます。例えば、「グループで、今から9を探せ！」。

③ それを聞いたら、グループであわせて（　）になるものを教室の中から探します。

ワンポイント

「他のグループとちがうものを探せ！」と言うと盛り上がります。

004 アレンジ ③ グループ＋図形を探すバージョン

001の②③をアレンジします。

② 教師が（　　）に「さんかく・しかく・まる」のどれかを入れて伝えます。例えば、「グループで、今から三角を探せ！」。

③ それを聞いたら、グループで協力して身の回りのものからできる限りたくさんの図形を探します。

自信をなくさないように、最初は制限時間を短めに設定します。回数を重ねると、みんなできるようになります。

たし算

005 **たし算じゃんけん**

学年

| 人数 ペア | 場所 教室 | 時間 5分 | 準備物 なし |

めあて
たし算にじゃんけんを加え、楽しくたし算の力を高めることができます。

タイミング
たし算を学習後、授業のはじめや、すきま時間に行います。
何年生でも盛り上がります。

進め方（遊び方）
① 教師が、1から10までの数を指定します。例えば「7」。
② 2人組になります。（歩いても可）
③ かけ声「じゃんけん　ぽん」を言い合います。
④ かけ声の後で、「0～5」の好きな数を指で出し合います。
　（グーは0、指が1本なら1、チョキは2、指が3本なら3、指が4本なら4、パーは5を表している）
⑤ お互いに出し合った指の数をたし算して、教師が指定した数字になれば「あたり！」。あたりの人は、自分の席に座ります。
　（例えば、指が3本と指が4本なら「7」となります）

ワンポイント！
指定する数は、「7」が盛り上がります。

005〜008 たし算じゃんけん

006 アレンジ ① 先に言った方が勝ちバージョン

005の①をなくし、⑤をアレンジします。

⑤ お互いに出し合った指の数をたし算して、先にその答えを言った方が勝ちです。勝った人から自分の席に座ります。

007 アレンジ ② 3人組バージョン

005の①②をアレンジします。

① 教師が、1から15までの数を指定します。
② 3人組になります。

ワンポイント

数は「11」が盛り上がります。

008 アレンジ ③ 両手バージョン

005の①④をアレンジします。

① 教師が、1から20までの数を指定します。
④ かけ声の後で、「0〜10」の好きな数を両手の指で出し合います。例えば、右手が5で左手が3なら「8」。4と4だと混乱することもあるので注意しましょう。

ワンポイント

くり上がりのたし算の学習で導入に使います。

子ども達は、「たし算じゃんけん」が大好きです。たくさん取り組んで、たし算を好きに、得意にさせましょう。たし算が全員に定着するまでは、アレンジなしの「たし算じゃんけん」を行います。

ことばかけ

「何人とじゃんけんできましたか？」
「休み時間やお家でもしてみてね。」

ひき算

009 ひき算じゃんけん

人数 ペア　　場所 教室　　時間 5分　　準備物 なし

めあて
ひき算にじゃんけんを加え、楽しくひき算の力を高めることができます。

タイミング
ひき算の学習をある程度進めた段階で、授業のはじめや、すきま時間に行います。何年生でも盛り上がります。

進め方（遊び方）
① 教師が、0から5までの数を指定します。例えば「1」。
② 2人組になります。（歩いても可）
③ かけ声「じゃんけん　ぽん」を言い合います。
④ かけ声の後、「0～5」の好きな数を指で出し合います。
（グーは0、指が1本なら1、チョキは2、指が3本なら3、指が4本なら4、パーは5を表している）
⑤ お互いに出し合った指の数をひき算（大きい数から小さい数をひく）して、教師が指定した数字になれば「あたり！」。あたりの人は、自分の席に座ります。
（例えば、指が1本と指が2本なら「1」となります）

ワンポイント！
1に設定すると盛り上がります。

009〜012 ひき算じゃんけん

010 アレンジ ① 先に言った方が勝ちバージョン

009の①をなくし、⑤をアレンジします。

⑤ お互いに出し合った指の数をひき算して、先にその答えを言った方が勝ちです。
勝った人から自分の席に座ります。

011 アレンジ ② 両手バージョン

009の①④をアレンジします。

① 教師が、0から10の数を指定します。
④ かけ声の後、「0〜10」の好きな数を両手の指で出し合います。
（例えば、右手が5で左手が1なら「6」）

012 アレンジ ③ 両手＋先に言った方が勝ちバージョン

009の①をなくし、④と⑤をアレンジします。

④ かけ声の後、「0〜10」の好きな数を両手の指で出し合います。
⑤ お互いに出し合った指の数をひき算して、先にその答えを言った方が勝ちです。
勝った人から自分の席に座ります。

子ども達は、「ひき算じゃんけん」が大好きです。「たし算じゃんけん」よりも片手バージョンは簡単です。なるべく多く取り組んで、ひき算を好きに、得意にさせましょう。ある程度、ひき算がみんなに定着するまでは、アレンジなしの「ひき算じゃんけん」を行います。

ことばかけ
「何人とじゃんけんできましたか？」
「休み時間やお家でもしてみてね。」

たし算・ひき算

学年

013 合わせて□ゲーム！

人数 何人でも　**場所** 教室　**時間** 5分　**準備物** なし

めあて

手拍子と計算を合わせたアクティビティです。クラスの一体感が生まれ、たし算、くり上がりのあるたし算、ひき算の力を高めることができます。

タイミング

たし算、くり上がりのあるたし算、ひき算の授業のはじめ、すきま時間に行います。

進め方（遊び方）

① 教師が、□に入る1から10までの数を指定します。例えば「10」。
② 教師が、「合わせて□ゲーム～！いえーい！」と元気よく言います。（例えば、「合わせて10ゲーム～！いえーい！」）
③ 教師が手をたたきます。（例えば、3回手をたたきます）
④ 「せーので！」と教師が言うと、子ども達は合わせて10になるように手をたたきます。（子ども達は7回手をたたきます）
⑤ 成功すれば、隣の人とハイタッチをします。
※ （教師が手をたたいた回数）＋（子どもが手をたたいた数）＝□になります。

ワンポイント！

教師が空振りをして「0」にすることも盛り上がります。
手をたたくだけでなく、頭やお腹をたたいたり、足音を鳴らしたりすることもおすすめです。

013〜015 合わせて□ゲーム！

014 アレンジ ① 11〜20バージョン

013の①③④をアレンジします。

① 教師が、□に入る11から20までの数を指定します。例えば「15」。
③ 教師が、「1桁＋1桁」のくり上がりのあるたし算になるように手をたたきます。（例えば、教師が8回手をたたきます）
④ 「せーので！」と教師が言うと、子ども達は合わせて15になるように手をたたきます。（子ども達は7回手をたたきます）

015 アレンジ ② ひき算バージョン

013の②③④をアレンジします。

② 「**ひいて□ゲーム〜！いえーい！**」と元気よく言います。
　（例えば、「**ひいて3ゲーム〜！いえーい！**」）
③ 教師が手をたたきます。（例えば、教師が8回手をたたきます）
④ 「せーので！」と教師が言うと、子ども達はひいて3になるように手をたたきます。（子ども達は5回手をたたきます）

ワンポイント
　（教師が手をたたいた回数）－（子どもが手をたたいた数）＝□になります。

014は、難しいかもしれません。子ども達の実態に応じて取り組んでください。
015は、少し混乱をするかもしれませんが、慣れたらできるようになります。
ことばかけ
「今日も友達とハイタッチできましたか？」
「先生の手をたたいているのを真剣に数えている姿が素敵でしたよ」

たし算・ひき算・かけ算・わり算

学年

016 トランプ神経衰弱メイク10

人数 グループ　場所 教室　時間 15～20分　準備物 トランプ（グループ分）

めあて
トランプを使ったアクティビティです。記憶力と、たし算、ひき算、かけ算、わり算の力を高めることができます。

タイミング
たし算、ひき算、かけ算、わり算の授業のはじめ、授業の終わりに行います。

進め方（遊び方）
① グループ（3～4人）になります。（グループ内で取り組みます）
② 各グループの机にトランプをすべて裏返しにして並べます。
③ 順番に2枚のカードをめくります。
④ たして10になるとそのカードを取ることができます。
　・10は1枚で取ることができます。
　・J、Q、Kはめくった人が好きな数にすることができます。
　・J、Q、Kを連続でめくってしまうと、アウトになります。
　・10になった時は、連続してカードをめくることができます。
⑤ 10にならなかったら、カードを元に戻して、次の人に交代します。
⑥ 時間切れ、もしくはこれ以上作れなくなったら終了です。

ワンポイント！
グループは3人もしくは4人ぐらいが、順番が回りやすいのでおすすめです。

016〜020　トランプ神経衰弱メイク10

017　アレンジ　①　5枚までバージョン

016の③に追加します。

③　5枚までカードをめくり直せます。
　　（例えば、最初に1、2をめくっても、1を戻してめくり直せる）

018　アレンジ　②　かけ算バージョン

016の③④をアレンジします。

③-1　教師が数を指定します。例えば「16」。

③-2　順番に2枚のカードをめくります。

④　かけ算をして、指定した数になればそのカードを取ることができます。
　　（例えば、指定した数「16」で、8と2や4と4）

019　アレンジ　③　計算選択バージョン

016の④をアレンジします。

④　たし算・ひき算・かけ算・わり算を使って10にします。

020　アレンジ　④　計算選択＋5枚までバージョン

016の③④をアレンジします。

③　5枚までカードをめくり直せます。

④　たし算・ひき算・かけ算・わり算を使って10にします。

教師の目

018〜020でも④の4つの条件は同じです。

018は2年生のかけ算、019は3年生のわり算、020は4年生の式と計算の順序を学習した後に行ってください。

020は少し難しいかもしれません。何度も取り組むと、できるようになります。勝敗よりも何度も挑戦することを価値づけてあげましょう。

| たし算 | 学年 |

021 たし算タイムアタック

| 人数 何人でも | 場所 教室 | 時間 5〜10分 | 準備物 ストップウォッチ／たし算カード |

めあて
たし算の力を高めることができます。

タイミング
たし算、くり上がりのあるたし算の授業のはじめ、授業の終わり、すきま時間に行います。

進め方(遊び方)
① 授業で使う(作った)たし算カード(くり上がりなし)を、すべて重ねます。
② 教師の「よーい、スタート」のかけ声と同時に、たし算カードをめくり答えを言います。
③ すべてのカードの答えを言えたら、「はい！」と大きな声で手をあげます。
④ 教師がタイムを言い、そのタイムをノートなどにメモしておきます。

ワンポイント！
人とタイムを競うというよりも昨日の自分のタイムと競争させ、何秒早くなったのかを競わせます。
カードの枚数は子ども達の実態に応じて、教師が決めてもよいです。

021～026 たし算タイムアタック

022 アレンジ ① くり上がりのあるたし算バージョン

021の①をアレンジします。
① 授業で使う（作った）たし算カード（くり上がりあり）をすべて重ねます。

023 アレンジ ② すべてのたし算バージョン

021の①をアレンジします。
① 授業で使う（作った）たし算カード（くり上がりなし・くり上がりあり）をすべて重ねます。

024 アレンジ ③ 制限時間内バージョン

021の②をアレンジします。
② 制限時間内でどれだけ多くたし算カード（くり上がりなし）をめくることができるのか、枚数を競います。

ワンポイント
最初は1分からスタートします。慣れてきたら制限時間を短くしていきます。10秒など、とても短くしても盛り上がります。

025 アレンジ ④ 制限時間内＋くり上がりのあるたし算バージョン

021の②をアレンジします。
② 制限時間内でどれだけ多くたし算カード（くり上がりあり）をめくることができるのか、枚数を競います。

026 アレンジ ⑤ 制限時間内＋すべてのたし算バージョン

021の②をアレンジします。
② 制限時間内にどれだけ多くたし算カード（くり上がりなし・くり上がりあり）をめくることができたか、枚数を競います。

昨日よりも少しでもタイムや枚数が伸びた子をほめてあげましょう。そうすることで、周りの子もより頑張ろうとすることでしょう。

ひき算

027 ひき算タイムアタック

| 人数 | 何人でも | 場所 | 教室 | 時間 | 5〜10分 | 準備物 | ストップウォッチ ひき算カード |

めあて
ひき算の力を高めることができます。

タイミング
ひき算、くり下がりのあるひき算の授業のはじめ、授業の終わり、すきま時間に行います。

進め方（遊び方）
① 授業で使う（作った）ひき算カード（くり下がりなし）をすべて重ねます。
② 教師の「よーい、スタート」のかけ声と同時に、ひき算カードをめくり答えを言います。
③ すべてのカードの答えを言えたら、「はい！」と大きな声で手をあげます。
④ 教師がタイムを言い、そのタイムをノートなどにメモしておきます。

ワンポイント！
たし算タイムアタックのひき算バージョンです。
人とタイムを競うというよりも昨日の自分のタイムと競争させ、何秒早くなったのかを競わせます。
カードの枚数は子ども達の実態に応じて、教師が決めてもよいです。

027〜032 ひき算タイムアタック

028 アレンジ ① くり下がりのあるひき算バージョン

027の①をアレンジします。

① 授業で使う（作った）ひき算カード（くり下がりあり）をすべて重ねます。

029 アレンジ ② すべてのひき算バージョン

027の①をアレンジします。

① 授業で使う（作った）ひき算カード（くり下がりなし・くり下がりあり）をすべて重ねます。

030 アレンジ ③ 制限時間内バージョン

027の②をアレンジします。

② 制限時間内でどれだけ多くひき算カード（くり下がりなし）をめくることができるのか、枚数を競います。

ワンポイント

最初は1分からスタートします。慣れてきたら制限時間を短くしていきます。10秒など、とても短くしても盛り上がります。

031 アレンジ ④ 制限時間内＋くり下がりのあるひき算バージョン

027の②をアレンジします。

② 制限時間内でどれだけ多くひき算カード（くり下がりあり）をめくることができるのか、枚数を競います。

032 アレンジ ⑤ 制限時間内＋すべてのひき算バージョン

027の②をアレンジします。

② 制限時間内にどれだけ多くひき算カード（くり下がりなし・くり下がりあり）をめくることができるのか、枚数を競います。

たし算タイムアタックのタイムよりはどの子も遅くなることでしょう。しかし、毎日続けることで、タイムが伸びていきます。

たし算・ひき算

033〜034 たし算・ひき算タイムアタック
学年

033 たし算・ひき算タイムアタック

人数 何人でも　場所 教室　時間 5〜10分　準備物 ストップウォッチ、たし算カード、ひき算カード

めあて
たし算・ひき算の力を高めることができます。

タイミング
たし算、くり上がりのあるたし算、ひき算、くり下がりのあるひき算の授業のはじめ、授業の終わり、すきま時間に行います。

進め方（遊び方）
① 計算カード（たし算・ひき算をシャッフル）をすべて重ねます。
② 計算カードをめくり答えを言い、すべてのカードの答えを何秒で言えたかを競います。

034 アレンジ　① 制限時間内バージョン
033の②をアレンジします。
② 制限時間内でどれだけ多くカードをめくることができたかを競います。

ワンポイント！
たし算タイムアタック、ひき算タイムアタックのミックスバージョンです。最初はカードの枚数を制限して行うことをおすすめします。

このアクティビティは難しいですが毎日続けることで、タイムが伸びていきます。その難しさを乗り越えようと子ども達も取り組むことでしょう。

たし算

035 ババ抜き10

学年 ❶ 2 3 4 5 6

| 人数 | グループ | 場所 | 教室 | 時間 | 10分 | 準備物 | トランプ（グループ分） |

めあて
トランプを使ったアクティビティです。たし算の力を高めることができます。

タイミング
たし算、くり上がりのあるたし算の授業のはじめに行います。

進め方（遊び方）
① グループ（3～4人）になります。（グループ内で取り組みます）
② トランプを全員に配ります。使用するカードは1～9の36枚とJOKER 1枚です。
③ 配られたカードから、たして10になる組合せをすべて場に捨てます。
④ 隣の人から1枚カードをひき、10になった2枚のカードを捨てることができます。
⑤ 自分の手元からカードがなくなった人が勝ちです。

ワンポイント！
くり上がりのあるたし算では、10の合成・分解が大切になってきます。くり上がりのあるたし算の授業のはじめで取り組みたいアクティビティです。

教師の目
トランプは、どの子もこれまでに遊んだ経験があるとても身近な遊びです。だからこそ、トランプ遊びのように気軽に取り組める雰囲気を作っていきたいものです。

| たし算・ひき算 | 学年 |

036 10のかたまりを探せ

| 人数 何人でも | 場所 教室 | 時間 1分 | 準備物 4×4マス表またはノート |

めあて
10のかたまりをすぐに探すことができるようになります。

タイミング
くり上がりのあるたし算、くり下がりのあるひき算の授業のはじめに行います。

進め方（遊び方）
① 4×4マス表を配ります。
　（もしくは4×4マスをノートに書かせ、数を教師が示します）
② 制限時間1分で、数をたして10のかたまりを見つけます。
　1度使った数は使えません。
　数は3つまで選択することができます。
③ 制限時間後に、どこに10があったのかを確認します。

ワンポイント！
くり上がりのあるたし算、くり下がりのあるひき算で10を探すのはとても大切です。そのための練習になります。これらの単元の時に多く取り組みましょう。慣れてきたらマスの数を増やしたり、制限時間を短くしたり、隣の子どもとノートを交換して数を書いたりしてもらいます。

036~037 10のかたまりを探せ

037 アレンジ ① ひき算バージョン

036の②をアレンジします。

② 制限時間1分で、数をひいて10のかたまりを見つけます。
　　1度使った数は使えません。
　　数は3つまで選択することができます。

教師の目

1年生の学習で10のかたまりを見つけることは、とても大切なことです。一目見て、すぐに「ここに10のかたまりがある！」と気づけるように数を変え、何度も何度も取り組むことが大切です。

ことばかけ
「10を見つけるのが早くなってきましたね」
「10をすぐに見つけることはこれからの学習でとても大切だからね。」

たし算・ひき算

学年

038 しりとり計算

人数 何人でも　**場所** 教室　**時間** 5分　**準備物** 4×4マス表またはノート

🧊 めあて
たし算、ひき算の力を高めることができます。

🧊 タイミング
たし算・ひき算の学習を終えた後、授業のはじめに行います。

🧊 進め方（遊び方）
① 4×4マス表を配ります。
　（もしくは4×4マスをノートに書かせ、数を教師が示します）
② 制限時間5分以内に
　3 + 2 = 5、5 + 3 = 8、8 − 2 = 6
　といったようにしりとりのようにつなげ、すべてのマスを1つの線でひくことができたらオッケー。
③ 制限時間になるか、すべての数に線をひけたら終わります。

ワンポイント！
慣れてきたらマスの数を増やしたり、制限時間を減らしたり、隣の子どもとノートを交換して隣の子に数を書いたりしてもらいます。

038～039 しりとり計算

数と計算

039 アレンジ ① 空欄バージョン

038の②③をアレンジします。

② 制限時間5分以内に
   $3 + 2 = 5$、$5 + 3 = 8$、$8 - 2 = 6$
   といったように、しりとりになるように空欄に数を書きます。

③ 制限時間になるか、すべて埋めることができたら終わりです。

教師の目

1人で取り組むことが難しい子は、グループで協力して取り組ませましょう。答えからどんな式ができるのかを想像させながら取り組ませます。マスの中に線をひいたり、数を書いたり試行錯誤をしている様子を見ておき、子ども達を価値づけます。
「一生懸命にマスの中に線をひいたり、数を書いたりしている様子を見ました。よく頑張っていたね。」
「どんなことが難しかったかな～」
「難しかったことを、友達にアドバイスをしてあげよう。」

たし算

学年

040 式が見つかるかな

人数 何人でも　**場所** 教室　**時間** 1分　**準備物** 3×3マス表またはノート

めあて
たし算・かけ算の力を高めることができます。

タイミング
たし算やかけ算の学習をしている授業のはじめに行います。

進め方（遊び方）
① 3×3マス表を配ります。
　（もしくは3×3マスをノートに書かせ、数を教師が示します）
② 制限時間内で3×3マスの中から式を探します。
　ただし、9個の数をすべて使わないといけません。

3	2	9
3	6	7
5	2	5

5 + 2 = 7、3 + 2 = 5、3 + 6 = 9

4	2	8
6	5	7
9	2	1

4 + 2 = 6、8 + 1 = 9、5 + 2 = 7

ワンポイント！
縦、横に限らず斜めや、数がとびとびになってもいいことを伝えておきます。

040~041 式が見つかるかな

041 アレンジ ① かけ算バージョン

040の②をアレンジします。

② 制限時間内で3×3マスの中から、かけ算の式になるように探します。ただし、9個の数をすべて使わないといけません。

3×3＝9、2×6＝12、4×6＝24

5	8	7
2	5	24
25	3	14

5×5＝25、7×2＝14、8×3＝24

教師の目

慣れてきたら5×5マスのようにマスの数を増やしていきましょう。すぐに解けた子には、何も書いていないマスの表を渡し、問題を作らせても構いません。

子ども達はパズルのように試行錯誤をしながら、考えることでしょう。そういった様子を価値づけていきましょう。

ことばかけ

「今日もしっかり考えることができましたね！」

「問題を作ってみようという子はいませんか？問題を作ってくれたら、それをみんなで解いてみるよ！」

「今日は難しかったけど、よく頑張ったね！」

たし算

042 たてよこ10

| 人数 | 何人でも | 場所 | 教室 | 時間 | 5分 | 準備物 | 4×4マス表 またはノート |

めあて
10の合成・分解について考える力を養うことができる。

タイミング
くり上がりのあるたし算を学習する前に、重点的に行うとより効果的です。

進め方（遊び方）
① 4×4マス表を配ります。
（もしくは4×4マスをノートに書かせ、数を教師が示します）
② 制限時間内に縦、横それぞれの列がたして10になるように空欄に数を書きます。
③ 制限時間になるか、すべてのマスに数が書けたら終わりです。
④ 答え合わせをします。

ワンポイント！
斜めで10にしようと考える子がいますが、このアクティビティはあくまで縦と横です。間違えている子には、すぐにアドバイスをしましょう。時間は1分以内で設定しましょう。

042〜043 たてよこ10

043 アレンジ ① 穴埋め算バージョン

いわゆる穴埋め算です。
042の②をアレンジします。

② 制限時間内に①〜④にどんな数が入るのかを考えます。

8 ＋① ＝② 　　① ＝ 5
② ＋ 7 ＝ 20　 ② ＝ 13
8 ＋③ ＝④ 　　③ ＝ 3
④ ＋ 9 ＝ 20　 ④ ＝ 11

教師の目

043は、くり上がりやくり下がりの学習が終わった後に行います。
子どもの実態に応じて空欄の数を減らしても構いません。
逆に慣れてきたら、空欄を増やして難易度をあげましょう。すぐに解けた子には、何も書いていない９マスの表を渡し、問題を作らせても構いません。

ことばかけ
「そんなに早く10を見つけることができるようになったの！」
「明日はもっと早く見つけることができるかな。」

たし算・ひき算・かけ算

044 数字狩りへ行こうよ！

| 人数 | 何人でも | 場所 | 教室 | 時間 | 10分 | 準備物 | 数字カード (1～9) 人数分 |

📦 めあて
たし算、ひき算、かけ算の力を高めることができます。

📦 タイミング
たし算、ひき算、かけ算を学習中、もしくは学習後に行います。

📦 進め方（遊び方）
① 子ども達に、1～9までの数字カードをランダムに配っておきます。
② カードの数字をみんなに見えるように見せます。
③ 先生が言った言葉の後に、子どもに言葉を真似させます。
　T「数字狩りに行こうよ」　C「数字狩りに行こうよ」
　T「数字なんて、怖くない」　C「数字なんて、怖くない」
　T「数字だってもってるし」　C「数字だってもってるし」
　T「数字だってもってるぞ」　C「数字だってもってるぞ」
　T「あっ！」　C「あっ！」
　T「あっ！！」C「あっ！！」
　T「○○（数字を言う）」（例えば、「7」）
④ たし算をして、言われた数字になるように集まります。
集まれたグループから座っていきます。
⑤ 集まれなかった子だけでもう1度行います。

ワンポイント！
「猛獣狩りに行こう」というゲームのアレンジです。
集まるときは、何人で集まっても構いません。

044~047 数字狩りへ行こうよ！

045 アレンジ ① たし算・ひき算バージョン

044の④をアレンジします。

④ たし算、またはひき算をして、言われた数字になるように集まります。

046 アレンジ ② かけ算バージョン

044の④をアレンジします。

④ かけ算をして、言われた数になるように集まります。

ワンポイント

この時はアウトになる子が増えます。

047 アレンジ ③ たし算・ひき算・かけ算のすべてが入ったバージョン

044の④をアレンジします。

④ たし算・ひき算・かけ算のどれをしてもいいので、言われた数になるように集まります。

机を後ろに下げるなどして、広い場所で行いましょう。なかなか数字を作ることができずに戸惑っている子に、アドバイスをしたり、声をかけたり、一緒になってグループを作ろうとしている子がいたら、みんなの前で価値づけてあげましょう。

ことばかけ

「今、西野さんや白石さんは秋元さんにアドバイスをしていました。とても素敵なことですね。」

「クラス全員が数を作れるように考えていた、斎藤さんや与田さんはすごい！」

| たし算 |

048
21を超えたらイヤよ

学年 **1** 2 3 4 5 6

| 人数 グループ | 場所 教室 | 時間 10分 | 準備物 トランプ（グループ分） |

🎯 めあて
トランプを使ったアクティビティです。たし算の力を高めることができます。

🎯 タイミング
くり上がりのあるたし算の授業のはじめに行います。

🎯 進め方（遊び方）
① グループになります。（グループ内で取り組みます）
② JOKER以外のカードを1か所（山札）に集めます。
③ 山札からそれぞれ2枚ずつカードをひきます。
④ まだカードをひきたい人は1枚ひきます。
⑤ まだカードをひきたい人は、さらに1枚ひきます。（3枚まで）
⑥ ひいたカードを合計します。
21を超えたらドボン、21が勝ち、21がいない場合は、21に近い人が勝ちです。

教師の目 ✨

このアクティビティもトランプを使います。ゲーム感覚で何度も取り組んでください。男女関係なく取り組めるため、いつの間にかクラスの関係も良くなっていくことでしょう。

ことばかけ
「カードをひく前に、どのカードをひきたいのか考えながらしてみよう。」
「21が無理なら、19や20になるように計算してみよう。」

かけ算・式と計算の順序

学年 3 4

049 回文式を探せ！

| 人数 何人でも | 場所 教室 | 時間 3分 | 準備物 なし |

めあて

「しんぶんし」というように、上から読んでも下から読んでも同じになるものを回文と言います。それの式バージョンです。数感覚を養うことができます。

タイミング

2桁×2桁のかけ算を学習後の授業のはじめに行います。

進め方（遊び方）

① 回文式のルールを説明する。
　（例）24×63＝36×42
　【ルール】
　＝の後ろに逆から書いていき、24×63と36×42の答えが一緒の時に回文式が成立します。

② 制限時間内でできる限り多くの回文式を見つけます。

解答例
　12×63＝36×21
　41×28＝82×14

ワンポイント！

ペアで行っても構いません。
子ども達の試行錯誤をしている時に書いた式などは、消さずに置いておくようにしましょう。

たし算・ひき算・かけ算・わり算

学年 1 **2** **3** 4 5 6

050 トランプ計算ババ抜き

人数 グループ　場所 教室　時間 10〜15分　準備物 トランプ（グループ分）

めあて

トランプを使ったアクティビティです。たし算、ひき算、かけ算、わり算を使い、立式する力を高めることができます。

タイミング

授業のはじめに行います。

進め方（遊び方）

① グループ（4〜6人）になります。（グループ内で取り組みます）
② トランプを5枚だけ山札として残し、残りのカードを均等に配ります。
③ 山札の一番上のトランプをめくります。
④ めくったカードの数字が答えとなる式を、手札のトランプ2枚で作ります。
　式を作れたら、そのトランプを捨てていきます。
⑤ 全員が手札から捨てることができるトランプがなくなったら、右隣の人の手札から全員カードを1枚ひきます。
⑥ さらに山札をめくり、場のトランプを変えます。
⑦ ④〜⑥をくり返す。
⑧ 最初に手札がなくなった人が勝ち。もしくは山札のトランプを5枚めくり終えた段階で手札が1番少ない人が勝ちです。

たし算・ひき算・かけ算・わり算

051 マスピード

学年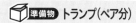

051 マスピード

人数 ペア　場所 教室　時間 10分　準備物 トランプ(ペア分)

🔲 めあて
トランプを使ったアクティビティです。たし算、ひき算、かけ算、わり算を使い、立式する力を高めることができます。

🔲 タイミング
授業のはじめに行います。

🔲 進め方（遊び方）
① 2人組になります。
② トランプを2人で均等に配ります。
③ 手元に4枚ずつ並べます。残りは山札です。
④ そして「マスピード」というかけ声で、それぞれ山札から1枚中央に置きます。
⑤ その答えになるように、たし算・ひき算・かけ算・わり算をして中央の2枚のうちどちらかの答えになるように4枚のカードから2枚組み合わせを見つけます。答えになる2枚は中央のカードの上に重ねます。（どちらを上にするかは自由です）
見えているカードの数字が答えになるようにカードを置いていきます。
※2人とも出すカードがなくなった時には、それぞれの山札から「マスピード」というかけ声で1枚カードを出します。
⑥ 手元の4枚からカードがなくなった場合は、山札から補充します。

ワンポイント！
トランプゲーム「スピード」のルールと似ています。
学年に応じて○○算と○○算だけと限定しても構いません。

かけ算

052 かけて□ゲーム！

人数	場所	時間	準備物
何人でも	教室	5分	なし

めあて
手拍子と計算を合わせたアクティビティです。クラスの一体感が生まれ、かけ算の力を高めることができます。

タイミング
かけ算の学習中、学習後の授業のはじめに行います。

進め方（遊び方）
① 教師が、□に入る1から81までの数を指定します。例えば「10」。
② 教師が、「かけて□ゲーム！いえーい！」と元気よく言います。（例えば、「かけて10ゲーム！いえーい！」）
③ 教師が手をたたきます。（例えば、2回手をたたきます）
④ 「せーので！」と教師が言うと、子ども達はかけて10になるように手をたたきます。（子ども達は5回手をたたきます）
⑤ 成功すれば、隣の人とハイタッチをします。
※ （教師が手をたたいた回数）×（子どもが手をたたいた数）＝□になります。

ワンポイント！
「013 合わせて□ゲーム！」のルールと基本的には一緒です。教師が空振りをして「0」にすることも盛り上がります。手をたたくだけでなく、頭やお腹をたたいたり、足音を鳴らしたりすることもおすすめです。

わり算

053 わって□ゲーム！

| 人数 | 何人でも | 場所 | 教室 | 時間 | 5分 | 準備物 | なし |

めあて
手拍子と計算を合わせたアクティビティです。一体感が生まれ、わり算の力を高めることができます。

タイミング
わり算の学習中、学習後の授業のはじめに行います。

進め方（遊び方）
① 教師が、□に入る1から9までの数を指定します。例えば「5」。
② 教師が、「わって□ゲーム！いえーい！」と元気よく言います。（例えば、「わって5ゲーム！いえーい！」）
③ 教師が手をたたきます。（例えば、10回手をたたきます）
④ 「せーので！」と教師が言うと、子ども達はわって5になるように手をたたきます。（子ども達は2回手をたたきます）
⑤ 成功すれば、隣の人とハイタッチをします。
※ （教師が手をたたいた回数）÷（子どもが手をたたいた数）＝□になります。

ワンポイント！
「013 合わせて□ゲーム！」のルールと基本的には一緒です。ここでは、九九の範囲内のわり算を紹介しました。何度もくり返すことで、わり算の暗算ができるようになります。

かけ算

054 かけ算じゃんけん

人数 何人でも　**場所** 教室　**時間** 5分　**準備物** なし

めあて
たし算じゃんけん、ひき算じゃんけんのかけ算バージョンです。
かけ算にじゃんけんを加え、楽しくかけ算の力を高めることができます。

タイミング
1〜5の段のかけ算を学習した後に行います。
長期間行います。

進め方（遊び方）
① 教師が、1から25までの数を指定します。例えば「8」。
② 2人組になります。（歩いても可）
③ かけ声「じゃんけん　ぽん」を言い合います。
④ かけ声の後で、「0〜5」の好きな数を指で出し合います。
（グーは0、指が1本なら1、チョキは2、指が3本なら3、指が4本なら4、パーは5を表している）
⑤ お互いに出し合った指の本数をかけ算します。教師が指定した数字になれば「あたり！」。自分の席に座ります。
（例えば、指が4本と指が2本なら「8」となります）

054～057 かけ算じゃんけん

055 アレンジ ① 先に答えを言った方が勝ちバージョン

054の①をなくし、⑤をアレンジします。

⑤ お互いに出し合った指の本数を計算し、先にその答えを言った方が勝ちです。勝った人から自分の席に座ります。

ワンポイント

0を出せば、相手がどんな数を出しても答えが「0」になるため、必勝法となってしまいます。子ども達が気づき始めたら、0を禁止しても構いません。

056 アレンジ ② 両手バージョン

054の①④をアレンジします。

① 教師が、1から100までの数を指定します。

④ かけ声の後、「0～10」の好きな数を両手の指で出し合います。
　（例えば、右手5と左手1なら「6」）

ワンポイント

慣れてきたら、両手での数の出し方を工夫しましょう。
（例えば、右手4と左手2なら「6」）

057 アレンジ ③ 両手＋先に言った方が勝ちバージョン

054の①をなくし、④⑤をアレンジします。

④ かけ声の後、「0～10」の好きな数を両手の指で出し合います。
　（例えば、左手5と右手1なら「6」）

⑤ お互いに出し合った指の本数を計算し、先にその答えを言った方が勝ちです。勝った人から自分の席に座ります。

子ども達は、たし算じゃんけん、ひき算じゃんけんと同様に、かけ算じゃんけんも大好きです。なるべくたくさん取り組んで、かけ算を好きに、得意にさせましょう。

かけ算

058 かけ算タイムアタック

| 人数 | 何人でも | 場所 | 教室 | 時間 | 5分 | 準備物 | 九九表 ストップウォッチ |

めあて
九九を早く、正確に言えるようになります。

タイミング
九九を学習中（学習した段から）、または九九を学習した後の授業のはじめに行います。

進め方（遊び方）
① 九九表が必要な人には、九九表を用意して配ります。
② 「よーい、スタート」と同時に、1×1から9×9までの九九を言っていきます。
③ すべての九九が言えたら、「はい！」と大きな声で手をあげます。
④ 教師がタイムを言い、そのタイムをノートなどにメモしておきます。

ワンポイント！
九九表が必要でない子は、なしで取り組ませても構いません。

058~062 かけ算タイムアタック

059 アレンジ ① 9×9から1×1まで逆に言っていくバージョン

058の②をアレンジします。

② 「よーい、スタート」と同時に、9×9から1×1までの九九を言っていきます。

060 アレンジ ② 超簡単バージョン

058の②をアレンジします。

② 「よーい、スタート」と同時に、□の段を言っていきます。

ワンポイント

最初は1つの段から取り組みますが、慣れてくると段の数を増やします。これで九九が苦手な子も取り組むことができます。

061 アレンジ ③ 超簡単バージョンの逆から言うバージョン

058の②をアレンジします。

② 「よーい、スタート」と同時に、□の段を逆から言っていきます。

062 アレンジ ④ 段をランダムに言っていく激ムズバージョン

058の②をアレンジします。

② 「よーい、スタート」と同時に、先生が指定した段の順番に言っていきます。例えば、「2→4→9→7→3→8→5→6」の段の順に言いましょう。

人とタイムを競うことも良いですが、それよりも前回の自分のタイムと競争させ、何秒早くなったのかを競わせるようにします。前回のタイムより少しでも速くなっていたら価値づけてあげましょう。

かけ算

063 九九マス計算表

人数 何人でも　**場所** 教室　**時間** 3分　**準備物** 九九マス表　ストップウォッチ

🎯 めあて
九九を暗記し、早く、正確に言えるようになります。

🎯 タイミング
九九を学習中（学習した段から）、または九九を学習した後の授業のはじめに行います。

🎯 進め方（遊び方）
① 九九マス表を配ります。
② 「よーい、スタート」と同時に、九九マス表に答えを書いていきます。
③ すべて書けたら、「はい！」と大きな声で手をあげます。
④ 教師がタイムを言い、そのタイムを九九マス表にメモしておきます。
⑤ 3分たったら、できていなくても終了します。
⑥ 教師が答えを言い、答え合わせをします。

九九マス表

×	1	2	3	4	5	6	7	8	9
1									
2									
3									
4									
5									
6									
7									
8									
9									

063~065 九九マス計算表

064 アレンジ ① 九九マス表をアレンジバージョン

かける数、かけられる数の**どちらかを空白にしたもの**を配り、ランダムに1〜9をそれぞれに書かせて、取り組みます。

ワンポイント

難易度が上がります。このアレンジでは、一人ひとり違った配列の九九マス表になります。答えあわせは、九九表を見ながら一人ひとりにさせましょう。

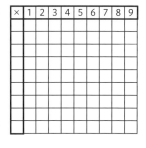

065 アレンジ ② 九九マス表のランダムフルバージョン

かける数、かけられる数の**両方を空白にしたもの**を配り、かける数、かけられる数のところにランダムに1〜9をそれぞれに書かせて、取り組みます。

ワンポイント

より難易度が上がります。子ども達の実態に応じて、取り組むかは決めましょう。

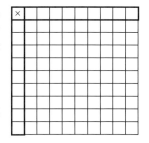

タイムを競うこともよいですが、それよりも前回の自分のタイムと競争させ、何秒早くなったのかを競わせるようにします。取り組むたびにタイムは短くなっていきます。しかし、いつかタイムが伸びない停滞期がやってきます。そんな時に、064・065のアレンジバージョンを行い、そして063に戻ると、タイムが速くなることもあります。

かけ算

066 九九表パズル

| 人数 | ペア | 場所 | 教室 | 時間 | 3分 | 準備物 | 九九表、ハサミ、ストップウォッチ |

めあて
九九についての理解を深めます。

タイミング
九九を学習し終わった後の授業のはじめに行います。

進め方（遊び方）
① 教師が九九の表を配ります。
② 隣の席同士で2人組を作ります。
③ 自分の机で九九の表をランダムに切ります。
④ ランダムに切ったものを、混ぜます。
⑤ お隣と席を入れ替わります。
⑥ 友達が切り取った九九の表を、3分以内に元の形に戻します。

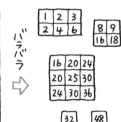

ワンポイント！
最初は何ピースに分けようと指示をした方が子ども達もわかりやすいです。最初は8ピースぐらいがよいです。慣れてきたら18ピースもしくは20ピースに挑戦してみましょう。

066~067 九九表パズル

067 アレンジ ① タイムアタックバージョン

ストップウォッチを準備しておきます。
066の⑥をアレンジし、⑦を追加します。

⑥ 隣の子が切り取ったものを元の九九表に戻すことができたら、大きな声で「はい！」と言い、手をあげます。
⑦ 教師がタイムを言い、そのタイムをノートなどに書いておきます。

このアクティビティは、ただ九九を覚えているだけでは難しいです。
縦、横にはいくつずつ増えていくなど、九九のきまりに気づかないと難しいです。しかし、このアクティビティに何度も取り組むことで、そういったことに子ども達は気づき始めるでしょう。

ことばかけ
「九九表を元に戻すことができた人？」
「昨日よりもタイムが早くなった人？」
「どうやったら早く元に戻すことができるのかな？
　コツはあるのかな？」

かけ算

068~069 九九表ビンゴ

学年 2

068 九九表ビンゴ

| 人数 何人でも | 場所 教室 | 時間 5～10分 | 準備物 3×3マス表、ノート ハサミ、九九表 |

めあて
九九に慣れ親しみ、九九のきまりに気づくことができます。

タイミング
九九を学習し終わった後、授業のはじめに行います。

進め方（遊び方）
① 3×3マス表を配ります。
② 配られた3×3マス表のマスに九九の答えを書いていきます。
（同じ数は1回しか使えません）
③ 九九の答えを教師がランダムに言っていきます。
④ 教師が言った九九の答えがマスの中にあれば、そのマスにチェックを入れていきます。
⑤ 縦か横か斜めでそろったら、ビンゴと言います。

アレンジ

069 アレンジ ① 九九表から、3×3を切り取るというバージョン
068の①②をアレンジします。
①② 九九表を配り、九九表から3×3をハサミで切り取らせます。

②で、九九の答えを書けない子のために九九表を用意しておきます。

教師の目
ビンゴを通して、九九のきまりに気づく・考えることができます。

かけ算

070～071 九九オリジナルソング大会
学年 1 **2** 3 4 5 6

070 九九オリジナルソング大会

人数 グループ　場所 教室　時間 5～10分　準備物 九九表・オーディオ

🎲 めあて
九九に慣れ親しみ、九九を暗記することができます。

🎲 タイミング
九九を学習し終わった後の、授業のはじめに行います。

🎲 進め方（遊び方）
九九を覚えるために、オリジナルソングをグループごとに作ります。
① グループ（2～4人）を作ります。
（グループ内で取り組みます）
② 教師が指定した「○の段」の式や答えを、歌詞に使い歌を考えます。
③ 教師が、音楽を流し、グループで歌を歌います。

arrange アレンジ

071 アレンジ　① 自分たちで曲を決めるバージョン
070の②をアレンジします。
② 自分たちで曲を決め、それに合わせて歌詞を考えます。

ワンポイント！
1日ですべての段を行うのではなく、日数をかけた方がより盛り上がります。

教師の目

歌詞を考えるときに、九九を意識できることがここでのポイントです。

かけ算

072 交互かけ算ゲーム

人数 ペア　　場所 教室　　時間 5分　　準備物 なし

めあて
かけ算の力、かけ算の筆算の力を高めることができます。

タイミング
かけ算の学習、かけ算の筆算の学習を終えた後、授業のはじめに行います。

進め方（遊び方）
① 2人組になります。
② じゃんけんをして先攻、後攻を決めます。
③ 1からスタートして、交互に2から9までの数の中から1つ選びかけます。かけ算の答えに別の数をかけていきます。
④ 100を超えた方が勝ちです。

（例）　白石さん　　1 ×2 =②
　　　　秋元さん　　②×3 = 6
　　　　白石さん　　6 ×2 =⑫
　　　　秋元さん　　⑫×9 = 108
　　　　秋元さんの勝ち！

ワンポイント！
筆算を使いたい子は使用しても構いません。
同じ数は何度使っても構いません。

072~075 交互かけ算ゲーム

073 アレンジ ① 100ではなく1000を超えたら勝ちバージョン

072の④をアレンジします。

④ 1000を超えた方が勝ちです。

074 アレンジ ② 100ではなく0.0001を超えたら勝ちバージョン①

072の③④をアレンジします。

③ 1からスタートして、交互に**0.2，0.3，0.4，0.5，0.6，0.7，0.8，0.9**の数の中から1つ選びかけます。

④ 0.0001を下回ったら勝ちです。

075 アレンジ ③ 100ではなく0.0001を超えたら勝ちバージョン②

072の③④をアレンジします。

③ 1からスタートして、交互に**10**、0.2，0.3，0.4，0.5，0.6，0.7，0.8，0.9の数の中から1つ選びかけます。

④ 0.0001を下回ったら勝ちです。

072、073は3年生、074、075は5年生以降のアクティビティです。
075のように10や100を入れるとより盛り上がります。
すぐに、取り組めるアクティビティです。何度も取り組ませましょう。
くり返し取り組ませる時は、相手をどんどん変えていきます。

かけ算

076 100のまとまりを探せ！〜かけ算〜

人数	場所	時間	準備物
何人でも	教室	2分	4×4マス表またはノート

🎯 めあて
100、200、300といった100の倍数をすぐに見つけることができます。

🎯 タイミング
4年「式と計算の順序」を学習する授業のはじめに行います。

🎯 進め方（遊び方）
① 4×4マス表を配ります。
（もしくは4×4マスをノートに書かせ、数を教師が示します）
② 制限時間内で、数（3つ以上でも構いません）をかけてできる答えが100になるものを見つけます。
③ どこに100があったのかを確認します。

25	4	17	2
13	30	16	5
10	10	13	2
12	5	7	5

ワンポイント！
慣れてきたらマスの数を増やしたり、隣の子どもとノートを交換して隣の子に数を書いたりしてもらって取り組むことも盛り上がります。
数は隣同士でなくても構いません。

076〜078 100のまとまりを探せ！〜かけ算〜

077 アレンジ ① 100以外の数にするバージョン

076の②③をアレンジします。

② 制限時間内で、数（3つ以上でも構いません）をかけてできる答えが100、200、300などの□00になるものを見つけます。

③ どこに□00があったのかを確認します。

ワンポイント

□には1〜9までを入れ、100、200といったキリのいい数値にします。

078 アレンジ ② かけ算・たし算・ひき算が混ざったバージョン

076の②をアレンジします。

② 制限時間内で、数（3つ以上でも構いません）をかけたり、たし算したり、ひき算したりして、答えが100になるものを見つけます。

ワンポイント

(13 + 7)×5のように（ ）を使っても構いません。

教師の目

「式と計算の順序」の単元では、「100」を見つけることがポイントの1つです。何度もこのアクティビティに取り組むことで、すぐに100を見つけることができるようになります。

かけ算・わり算

079 サイコロ計算大会

人数 グループ　**場所** 教室　**時間** 5分　**準備物** ノート、サイコロ

めあて
2桁のかけ算・分数のかけ算・分数のわり算の力を高めることができます。

タイミング
2桁のかけ算・分数のかけ算・分数のわり算の学習中、学習後の授業のはじめに行います。

進め方(遊び方)
① 4人1組で行います。
② AB×CDの式を黒板に提示します。
③ 1人1回ずつサイコロを振ります。
　1回目に出た数をA、
　2回目に出た数をB、
　3回目に出た数をC、
　4回目に出た数をDに
　入れて計算をします。
④ 一斉に答えを見せ合います。

25×31

ワンポイント！
時間の許す限りグループで何度も取り組ませます。

079〜082 サイコロ計算大会

080 アレンジ ① 分数×整数バージョン

079の②③をアレンジします。

② $\dfrac{A}{B} \times C$ の式を提示します。

③ サイコロを3回振ります。
　1回目に出た数をA、
　2回目に出た数をB、
　3回目に出た数をCに入れて計算をします。

081 アレンジ ② 分数÷整数バージョン

079の②③をアレンジします。

② $\dfrac{A}{B} \div C$ の式を提示します。

③ サイコロを3回振ります。
　1回目に出た数をA、
　2回目に出た数をB、
　3回目に出た数をCに入れて計算をします。

082 アレンジ ③ 分数÷分数バージョン

079の②をアレンジします。

② $\dfrac{A}{B} \div \dfrac{C}{D}$ の式を提示します。

ただ計算プリントをするよりも自分たちでサイコロを振り、問題を作った方が子ども達は楽しみながらアクティブに取り組めます。きっとサイコロの数によって、「簡単！」「これは難しい」と言った声が聞こえてくるでしょう。その声を共有することでそれぞれの計算の理解を深めることもできます。

ことばかけ
「たくさん問題を解けましたか。」

| 大きな数 |

083 算数すごろくを作ろう

| 人数 | グループ | 場所 | 教室 | 時間 | 20分 | 準備物 | 教科書に載っているすごろく |

めあて
すごろくを通して、1～100までの数に慣れ親しみます。

タイミング
1～100までの大きな数を学習した後や、3学期の最初に行います。

進め方（遊び方）
① グループ（2～4人）になります。（グループ内で取り組みます）
② 1～100マスの空欄のマスに算数に関わる指令を作ります。
　例えば、40というマスに止まったら、「40～49までを言う」。
　空欄のマスがなければ、「40…」とスペースに書いておきます。

教科書のすごろくに1～100までのマスがなければ、事前に作っておき、子ども達に配ります。

ワンポイント！
すべてのマスに指令を作らせることは大変です。まず10ごとに指令を作らせるといった制限をした方がよいでしょう。早くできたグループは、他のマスに指令を作ることを認めます。
指令を作ることが難しいときは、本書で紹介しているアクティビティを取り入れてみましょう。これまでに取り組んできたことがあるため、楽しく取り組むことができます。
指令は、相手が嫌がるようなことは書かないと子ども達に伝えておきます。

大きな数

084 算数すごろくで遊ぼう

学年 ① 2 3 4 5 6

人数 グループ　**場所** 教室　**時間** 20分　**準備物** 083で作ったすごろく、サイコロ

めあて
すごろくを通して、1〜100までの数に慣れ親しみます。

タイミング
1〜100までの大きな数を学習した後や、3学期の最初に行います。

進め方（遊び方）
① 083で作ったすごろくを使って、実際にすごろくをします。
② サイコロは2個使い、出た目の数同士をたした数、もしくは出た目の数同士でひき算（大きい数－小さい数）をした数の分だけ進みます。
③ 100のマスに着くか、制限時間になったら終わりです。

ワンポイント！
難しいと感じたときは、最初はサイコロ1個にして、その後2個に増やしてみてください。
また、子ども達が慣れてきたなと思ったら、サイコロを3個に増やすとより戦略的になり、盛り上がります。

大きな数・かけ算

085 トランプ2桁勝負

| 人数 ペア | 場所 教室 | 時間 10分 | 準備物 トランプ(組数分) |

📦 めあて
トランプを使ったアクティビティです。2桁の大きな数の構成に慣れ親しみます。

📦 タイミング
大きな数を学習した後、かけ算を学習した後に行います。

📦 進め方（遊び方）
① 2人組になります。
② トランプの1～9とJOKERを1セットにした山札を作ります。
③ 山札からお互いに2枚ずつとり、2枚を組み合わせて2桁の数を作ります。
④ 作った数の大きい方が勝ちです。

1がきてしまった！

ワンポイント！
JOKERは自分がしたい好きな数にできます。
慣れてきたら、③の後に追加ルールとして1枚だけ交換することができるようにするとより盛り上がります。

085~089　トランプ2桁勝負

086　アレンジ　①　かけ算バージョン

085の②③をアレンジします。

② トランプの2~9とJOKERを1セットにした山札を作ります。（JOKERは「5」とする）

③ 山札からお互いに2枚ずつとり、2枚の数をかけ算して2桁の数を作ります。

087　アレンジ　②　教師が指定した数に近い数の人が勝ちバージョン

085の③④をアレンジします。

③ 教師が数を指定します。山札からお互いに2枚ずつとり、2枚を組み合わせて2桁の数を作ります。

④ 作った数が、教師が指定した数に近い方が勝ちです。

088　アレンジ　③　手札バージョン

山札ではなく手札にして行うバージョンです。

085の②③をアレンジし、⑤を追加します。

② 1~9とJOKERを1セットにした**手札（1人1セット）を作る**。

③ 手札からお互いに2枚ずつとり、2枚を組み合わせて2桁の数を作ります。

⑤ 5回勝負をして3回勝った方が勝ちです。

ワンポイント　1回使ったカードはもう使えません。

089　アレンジ　④　手札＋かけ算バージョン

085の②③をアレンジし、⑤を追加します。

② 1~9とJOKERを1セットにした**手札（1人1セット）を作る**。

③ 手札からお互いに2枚ずつとり、2枚の数をかけ算して2桁の数を作ります。

⑤ 5回勝負をして、3回勝った方が勝ちです。

087は、概数の素地づくりにもつながります。

大きな数

090 整数じゃんけん

👤人数 ペア　🚩場所 教室　⏱時間 5分　📦準備物 なし

🎲 めあて
10倍、100倍、$\frac{1}{10}$倍、$\frac{1}{100}$倍の計算の力を高めることができます。

🎲 タイミング
大きな数を学習した後の、算数の授業のはじめに行います。

🎲 進め方（遊び方）
① 2人1組になります。
② どちらも10の持ち点からスタートします。
③ じゃんけんをします。
④ グーで勝つと持ち点を10倍、チョキで勝つと持ち点を100倍、パーで勝つと持ち点を1000倍にします。
⑤ 自分の持ち点をお互いに言います。
⑥ 時間切れになるまで③〜⑤をくり返し行います。
⑦ 自分の点数を言い合います。

ワンポイント！
○倍はアレンジしてもオッケーです。
またグー、チョキ、パーの○倍するかを入れ替えても構いません。

090~093 整数じゃんけん

091 アレンジ ① 負けルール追加バージョン

090の④をアレンジします。

④に「負けると持ち点を÷10する」というルールを追加します。

092 アレンジ ② 勝ち・負けルール追加バージョン

090の④をアレンジします。

④ グーで勝つと持ち点を10倍、チョキで勝つと持ち点を100倍、パーで勝つと持ち点を1000倍、グーで負けると持ち点を÷10、チョキで負けると持ち点を÷100、パーで負けると持ち点を÷1000します。

093 アレンジ ③ 教師が指定する数を目指すバージョン

090の④⑦をアレンジします。

④ グーで勝つと持ち点を10倍、チョキで勝つと持ち点を100倍、パーで勝つと持ち点を1000倍、グーで負けると持ち点を÷10、チョキで負けると持ち点を÷100、パーで負けると持ち点を÷1000します。

⑦ 教師が指定する数（1億）になった人の勝ちです。

ワンポイント

指定する数はもちろんアレンジオッケーです。ただし、1回の勝負で決まるような設定は盛り上がりません。クリアするためにわざと負けようとする姿も引き出すことができます。

整数じゃんけんも子ども達に人気のあるアクティビティです。何で勝つか、何で負けるかで倍にする数も変わってくるため、子ども達は戦略的に考え、盛り上がります。

大きな数

094 ブロックつかみ取り

人数 何人でも　**場所** 教室　**時間** 5～10分　**準備物** パターンブロック

めあて
大きな数が混ざった簡単な計算の力を高めることができます。

タイミング
大きな数の学習を終えた後、授業のはじめに行います。

進め方（遊び方）
① ブロックの形ごとのポイントを伝えます。
　（例）緑色正三角形→1ポイント　オレンジ色正方形→10ポイント
　　　　白色ひし形→100ポイント　赤色台形→1000ポイント
　　　　黄色正六角形→10000ポイント
② ブロックの入っている箱から、箱の中を見ずに片手もしくは両手でつかみとります。
③ 何ポイントを獲得できたのかを計算します。

ワンポイント！
パターンブロックがない場合は、ブロックに色テープをつけたり、紙をはったりして区別するようにします。

094〜097 ブロックつかみ取り

095 アレンジ ① マイナスポイントもあるバージョン

白色ひし形をとると、マイナスしないといけないルールを設定します。
094の①をアレンジします。

① ブロックの形ごとのポイントを伝えます。

（例）緑色正三角形→1ポイント　オレンジ色正方形→10ポイント
　　　白色ひし形→−100ポイント　赤色台形→1000ポイント
　　　黄色正六角形→10000ポイント

096 アレンジ ② ポイント小数バージョン

094の①をアレンジします。

① ブロックの形ごとのポイントを伝えます。

（例）緑色正三角形→1ポイント　オレンジ色正方形→0.1ポイント
　　　白色ひし形→0.2ポイント　赤色台形→0.5ポイント
　　　黄色正六角形→0.7ポイント

097 アレンジ ③ ポイント分数バージョン

094の①をアレンジします。

① ブロックの形ごとのポイントを伝えます。

（例）緑色正三角形→1ポイント　オレンジ色正方形→$\frac{1}{8}$ポイント
　　　白色ひし形→$\frac{2}{8}$ポイント　赤色台形→$\frac{4}{8}$ポイント
　　　黄色正六角形→$\frac{5}{8}$ポイント

096、097は小数や分数のたし算やひき算の素地づくりになります。096は3年生の小数、097は4年生の分数を学習した後に行ってください。097は異分母分数を入れると5年生の学習にもなります。

大きな数

098 ○○の数はなんでしょう?

人数 ペア　　**場所** 教室　　**時間** 5分　　**準備物** 1〜100までの数表

🎲 めあて
数表をもとに数の順序を考え、1〜100までの数に慣れ親しみます。

🎲 タイミング
1〜100までの大きな数を学習した後に行います。

🎲 進め方(遊び方)
① 1〜100までの数表を用意します。
② 2人1組になります。
③ 教師が数を言います。
④ 教師が言った数の「前後の数」を先に言った方が勝ちです。
例えば、指定された数が「45」であれば、「44」「46」と前後の数を言います。

ワンポイント!
慣れてきたら、数表をなくしても構いません。
数表を黒板に掲示しても、教科書に載っているものを使用しても構いません。

098〜101　○○の数はなんでしょう？

099 アレンジ ① 上下の数バージョン

098の④をアレンジします。

④　数表の上下の数を先に言った方が勝ちです。
例えば、指定された数が「45」であれば、「35」「55」と上下の数を言います。

100 アレンジ ② 斜めの数バージョン

098の④をアレンジします。

④　数表の斜めの周りの数をすべて先に言った方が勝ちです。
例えば、指定された数が「45」であれば、「34」「36」「54」「56」と斜めの数を言います。

101 アレンジ ③ 周りの数バージョン

098の④をアレンジします。

④　数表の周りの数を先に言った方が勝ちです。
例えば、指定された数が「45」であれば、「34」「35」「36」「44」「46」「54」「55」「56」と周りの数を言います。

教師の目

数の順序を覚え間違いしている子もいます。10とびになっていることに気づいていない子もいます。このアクティビティのために改めて100までの数の順序について学び直してくる子もいるかもしれません。
ペアで行うのではなく、ノートに数を書き、書けた子から起立をするというルールでも盛り上がることでしょう。
099、100、101で数を早く言える子ども達に、その早く言えるコツを発表させて、全体で共有することも有効です。

| 大きな数 | 学年  |

102 1〜100までカウントアップ

| 人数 | 何人でも | 場所 | 教室 | 時間 | 5分 | 準備物 | ストップウォッチ
1〜100までの数表 |

🎁 めあて
1〜100までの数に慣れ親しみます。

🎁 タイミング
1〜100までの大きな数を学習した後、授業のはじめ、すきま時間に行います。

🎁 進め方（遊び方）
① 全員、立ちます。
② 「用意、スタート」の合図とともに1から100までの数を言い始めます。
③ 100まで言えたら、大きな声で「はい！」と言い、手をあげます。
④ 教師がタイムを言い、そのタイムを聞いたら座ります。

ワンポイント！
人と競うというよりもこれまでの自分と競わせます。
1〜100までの数表を用意しておいて、必要な子には渡してあげましょう。

 102~106 1～100までカウントアップ

103 アレンジ ① 100から1までを何秒で言えるか競うバージョン

102の②③をアレンジします。
② 「用意、スタート」の合図とともに100から1までの数を数えます。
③ 1まで言えたら、大きな声で「はい！」と言い、手をあげます。

104 アレンジ ② 1～100をどちらが先に言えるかバージョン

102の①②③をアレンジし、④をなくします。
① 2人1組になります。
② 「用意、スタート」の合図とともに1から100までの数を数えます。
③ 100まで言えたら、大きな声で「はい！」と言い、早く手をあげた方が勝ちです。

105 アレンジ ③ 100～1をどちらが先に言えるかバージョン

102の①②③をアレンジし、④をなくします。
① 2人1組になります。
② 「用意、スタート」の合図とともに100から1までの数を数えます。
③ 1まで言えたら、大きな声で「はい！」と言い、早く手をあげた方が勝ちです。

106 アレンジ ④ 1～100まで○とびバージョン

102の②をアレンジします。
② 「用意、スタート」の合図とともに1から100まで、○とびで数を言い始めます。例えば、2とびや5とび。

106は、逆のカウントダウンバージョンのアクティビティもありますが、さすがにこれは難しいです。もし余裕があれば、取り組んでみてください。最初は1～20、1～30までといったように子ども達の実態に応じて少ない数で取り組むのでもオッケーです。

倍数

107 倍数五目ならべ

人数 ペア　**場所** 教室　**時間** 5〜10分　**準備物** 5×5マス表またはノート

めあて
倍数についての力・理解を深めることができます。

タイミング
倍数について学習をした後の授業のはじめに行います。

進め方（遊び方）
① 5×5マス表を配ります。
（もしくは5×5マスをノートに書かせます）
② 自分が使用しようと思っている○の倍数をお互いに宣言します。
例えば、「2の倍数」など。
③ 交互に自分が考えた倍数を、マス目上に書いていきます。このとき、それぞれ黒と赤など色を変えて書きます。
（公倍数になる相手の倍数は、自分の倍数としてカウントすることができます）
（途中で宣言した倍数を変えることはできません）
④ 先に縦・横・斜めのどれか一列に5つ倍数がそろった人の勝ちです。

		2	2	
	10	4	12	
8	12	6	18	
			16	
			14	

□が先攻
■が後攻
例
□18→■6→□12→■12→□2→■2
→□4→■10→□16→■8→□14
よって、先攻の勝ち。

107~110 倍数五目ならべ

108 アレンジ ① 途中で考えている倍数を変えてもオッケーバージョン

107の③をアレンジします。

③ 交互に自分が考えた倍数を、マス目上に書いていきます。
（途中で考えている倍数を変えても構いません）

109 アレンジ ② 相手が使った数は使えないバージョン

107の③をアレンジします。

③ 交互に自分が考えた倍数を、マス目上に書いていきます。
（途中で考えている倍数を変えても構いません）
ただし、相手が使った数は使えません。

110 アレンジ ③ １回だけ相手の数を乗っ取りできるバージョン

107の③をアレンジします。

③ 交互に自分が考えた倍数を、マス目上に書いていきます。
（途中で考えている倍数を変えても構いません）
今回も基本的には、相手が使った数は使えませんが、お互いに１回だけ相手の数を自分の数として、使うことができます。

教師の目

おそらくこのアクティビティが本書の中で１番難しいアクティビティです。しかし、何度も取り組むことでできるようになります。
110は、相手に勝つためには、相手の数をどう乗っ取るかがポイントになってきます。
相手の数をどう乗っ取るかを考えるためには、公倍数がポイントになってきます。自然と自分と相手の公倍数について考えることができるアクティビティです。

たし算・ひき算・かけ算・わり算

111 計算ビンゴ

人数 何人でも　**場所** 教室　**時間** 5〜10分　**準備物** 5×5マス表またはノート

めあて
たし算・ひき算・かけ算・わり算の力を高めることができます。

タイミング
授業のはじめやお楽しみ会に行います。

進め方（遊び方）
① 5×5マス表を配ります。
（もしくは、5×5マスをノートに書かせます）
② それぞれで1から25までの数を自由にマスの中に書きます。
③ 教師が指定した数になるように、2つの「数」を使って式を作ります。
（例えば、16と指定した時には、2×8、1＋15、1×16、18－2などの式を作ります）
④ 式で使った数のマスにチェックを入れます。
（例えば、「2」と「8」を消します）
⑤ ③と④をくり返して縦・横・斜めいずれか一列がビンゴになった人が勝ちです。

111~112 計算ビンゴ

112 アレンジ　①　カードをひいて計算バージョン

　準備物　5×5マス表もしくはノート
　　　　　1から10の数カードを2セット、+・−・×・÷のカード

111の②③④をアレンジします。
② それぞれが5×5マスに1から100までの数を自由に書きます。
③ 教師が1から10の数カードを2枚ひき、また+・−・×・÷のカードから1枚ひきます。（カードはすべて裏返しておく）
④ ひいたカードを計算し、その答えがあれば5×5マス表の数を消します。
　（例）　8・7・×をひいたときには
　　　　　$8 \times 7 = 56$

ワンポイント

　ひき算、わり算の場合は大きい数−小さい数、大きい数÷小さい数で行います。
　わり算であまりがある場合、あまりは数えません。
　子ども達に1枚ずつカードをひかせても盛り上がりますが時間がかかるので、時間に余裕があるときは子どもにひかせ、それ以外は教師の方でひきましょう。

とても頭を使うアクティビティです。1度使ったら、その数は使えないため、どのように使用していくのか戦略的になります。そのため盛り上がります。ビンゴとアクティビティの名前についているため、お楽しみ会などで行っても盛り上がります。その時に景品があるとより盛り上がります。景品は社会見学などにいった時に余ったものなどを活用しましょう。新たに買う必要はありません。景品と言うだけで子ども達は盛り上がります。

たし算・ひき算・かけ算・わり算

113 10を作り出せ！

人数 グループ　**場所** 教室　**時間** 5〜10分　**準備物** 1〜10の数カード（グループ分）

めあて
たし算・ひき算・かけ算・わり算の力を高めることができます。

タイミング
授業のはじめに行います。

進め方（遊び方）
① グループ（2〜4人）になります。（グループ内で取り組みます）
② 1〜10の数カードをすべて裏返しにします。
③ 裏返している1〜10の数カードから4枚選びます。
④ ＋・－・×・÷・（ ）を使い、③で選んだ4枚すべての数を使い10を作り出すことができたら、クリアです。

ワンポイント！
選んだ4枚をグループみんなで考えてもオッケー。1人で取り組む時には、選んだ4枚を戻し、新たに4枚ひいて考えることもオッケー。
＋・－・×・÷・（ ）はすべて使う必要はありません。

113〜115 10を作り出せ！

114 アレンジ ① カード5枚バージョン

113の③④をアレンジします。

③　裏返している1〜10の数カードから5枚選びます。

④　＋・－・×・÷・（　）を使い、③で選んだ5枚すべての数を使い10を作り出すことができたら、クリアです。

115 アレンジ ② カード6枚バージョン

113の③④をアレンジします。

③　裏返している1〜10の数カードから6枚選びます。

④　＋・－・×・÷・（　）を使い、③で選んだ6枚すべての数を使い10を作り出すことができたら、クリアです。

113→114→115と難しくなっていくアクティビティです。

数の組み合わせによっては10ができない場合があるかもしれません。しかし、10にするために（　）を使ったり、わり算をしたりといった試行錯誤をしていることに価値があります。考えた式などはノートに残しておくといいでしょう。

ことばかけ

「10を作ることはできなかったかもしれないけど、一生懸命に考えていたでしょ？　10を作るよりも一生懸命に考えていたことの方が素晴らしいです。」

たし算・ひき算・かけ算・わり算

116 4を4つ使って！

人数 何人でも　**場所** 教室　**時間** 5分　**準備物** ノート

めあて
たし算・ひき算・かけ算・わり算の力を高めることができます。

タイミング
授業のはじめや、すきま時間に行います。

進め方（遊び方）
① 制限時間内に4を4回、＋・－・×・÷・（　）を使って、1〜9を作ります。
② 制限時間内で、答えが1〜9になる式をいくつ作れるか挑戦します。

解答例
　　4 ＋ 4 ÷ 4 － 4 ＝ 1
　　4 ÷ 4 ＋ 4 ÷ 4 ＝ 2
　　（4 ＋ 4 ＋ 4）÷ 4 ＝ 3
　　（4 － 4）× 4 ＋ 4 ＝ 4
　　（4 ＋ 4 × 4）÷ 4 ＝ 5
　　（4 ＋ 4）÷ 4 ＋ 4 ＝ 6
　　4 ＋ 4 － 4 ÷ 4 ＝ 7
　　4 × 4 － 4 － 4 ＝ 8
　　4 ＋ 4 ＋ 4 ÷ 4 ＝ 9

ワンポイント！
＋・－・×・÷・（　）はすべて使わなくても構いません。

ペアで取り組ませてもよいです。

116~119 4を4つ使って！

117 アレンジ ① 1～9を作るバージョン

116の①をアレンジします。

① 制限時間5分以内に3を4回、＋・－・×・÷・（ ）を使って、1～9を作ります。

ワンポイント

一度に1～9をすべて行うのではなく、1日1つに取り組みます。

118 アレンジ ② □に1～9の内4つの数を使って1～9を作るバージョン

116の①をアレンジします。

① □には1～9のどれかを入れます。＋・－・×・÷・（ ）を使い、1～9を作ります。

ワンポイント

どの数を入れるかは教師が決定しても構いません。子ども達が考えてもよいでしょう。隣の子同士で問題を交換することも盛り上がります。

```
□には1～9
□ □ □ □ ＝9
```

119 アレンジ ③ 1～9の内4つの数を使って10を作るバージョン

116の①をアレンジします。

① □には1～9のどれかを入れます。＋・－・×・÷・（ ）を使い、10を作ります。

1～9までの数を作ることができない場合もあるでしょう。このアクティビティも試行錯誤をしていることに価値があります。考えた式などはノートに残しておくといいでしょう。

ことばかけ

「試行錯誤しながら取り組んでいた姿が素晴らしいです！」

120 分数ペーパーじゃんけん

分数　学年 4

| 人数 ペア | 場所 教室 | 時間 5〜15分 | 準備物 紙、ハサミ |

めあて
たし算やひき算にじゃんけんを加え、楽しく分数のたし算やひき算の学習を高めることができます。

タイミング
分数のたし算、ひき算を学習中、授業のはじめに行います。

進め方（遊び方）
① 紙を1人1枚配布し、1ペーパーと名付けます。
② 紙を8等分に折り、ハサミで切ります。
③ 8枚に切り分けた1枚を「8分の1ペーパー」と名付けます。
④ 2人組になります。（歩いても可）
⑤ じゃんけんをして、勝ったら相手から1枚もらえます。
⑥ 自分の持っているペーパーをお互いに言い合います。
⑦ 制限時間まで、⑤と⑥をくり返して、最後に一番多い人が勝ちです。

ワンポイント！
ペーパーという名称は何でも構いません。子ども達と決めてください。
負け続けても0ペーパーが最小です。

120～124 分数ペーパーじゃんけん

121 アレンジ ① 2枚バージョン

120の⑤をアレンジします。

⑤ 勝ったら相手から2枚もらいます。

122 アレンジ ② 教師が指定した分数になればクリアバージョン

120の⑦をなくし、⑤をアレンジします。

⑤ 勝ったら相手から1枚もらえます。指定した分数になればクリア。

ワンポイント 1や2といった整数や1と8分の2といった帯分数を設定すると単元を通して使用することができるようになります。

123 アレンジ ③ 山札から取るバージョン

120の④⑤⑦をアレンジします。

④ グループ（3～6人）になり、ペーパーを1か所（山札）に集めます。

⑤ じゃんけんをして、勝ったらグー＝8分の3ペーパー、パー＝8分の5ペーパー、チョキ＝1と8分の1ペーパーを山札からもらいます。負けは8分の1ペーパーを戻します。

⑦ 山札がなくなったとき、1番多く持っている人の勝ちです。

124 アレンジ ④ 山札→手元バージョン

123の続きです。山札からペーパーがなくなると、④⑤⑦を変更します。

④ 自分が持っているペーパーがそれぞれの最初の持ちペーパーになります。

⑤ じゃんけんをして勝つとペーパーを山札に戻します。
（戻す枚数は123と同じ）

⑦ 早く手元からペーパーがなくなった人が勝ち。

同分母分数のたし算やひき算を楽しく学ぶことができます。帯分数や仮分数を設定することで、単元を通したアクティビティになります。単元中に何度も取り組みましょう。

小数

125 小数ペーパーじゃんけん

| 人数 ペア | 場所 教室 | 時間 5〜10分 | 準備物 紙、ハサミ |

めあて
たし算やひき算にじゃんけんを加え、楽しく小数のたし算やひき算の力を高めることができます。

タイミング
小数を学習中、授業の最初のタイミングで行います。
長期間、行います。

進め方(遊び方)
① 紙を1人1枚配布し、1ペーパーと名付けます。
② 紙を10等分に折り、ハサミで切ります。
③ 10枚に切り分けた1枚を「0.1ペーパー」と名付けます。
④ 2人組になります。(歩いても可)
⑤ じゃんけんをして、勝ったら相手から2枚もらえます。
⑥ 自分の持っているペーパーをお互いに言い合います。
⑦ 制限時間まで、⑤と⑥をくり返して、最後に一番多い人が勝ちです。

ワンポイント!
ペーパーという名称は何でも構いません。子ども達と決めてください。

125〜128 小数ペーパーじゃんけん

126 アレンジ ① グループバージョン

125の④⑤⑥をアレンジします。
④　グループ（3〜6人）になります。
⑤　みんなのペーパーを1か所（山札）に集めます。
⑥　じゃんけんをして、勝ったら1人が山札から□枚もらえます。

ワンポイント　枚数はグループごとに決めさせても盛り上がります。多すぎるとすぐに終わってしまうため、3枚までにしましょう。

127 アレンジ ② グループ＋負けルール追加バージョン

125の④⑤⑥をアレンジします。
④　グループ（3〜6人）になります。
⑤　みんなのペーパーを1か所（山札）に集めます。
⑥　じゃんけんをして、勝ったら1人が山札から□枚もらえます。負けたら〇枚、山札に戻します。

ワンポイント　山札に戻すものがない場合は、0ペーパー。マイナスにはいかないようにします。

128 アレンジ ③ グループ＋山札に戻すバージョン

125の④⑤⑦をアレンジします。
④　4人組になります。
⑤　じゃんけんをして、勝ったら□枚、山札に戻します。
⑦　持っているペーパーがなくなった人から終わります。

ペーパーが8枚で8と間違えてしまう子がいます。そういった場合は、もう一度確認しましょう。小数のたし算やひき算の素地づくりになります。

小数

129 小数点移動じゃんけん

人数 ペア　**場所** 教室　**時間** 5〜10分　**準備物** なし

めあて

小数を10倍、100倍、$\frac{1}{10}$倍、$\frac{1}{100}$倍にする計算の力を高めることができます。

タイミング

小数を10倍、100倍、$\frac{1}{10}$倍、$\frac{1}{100}$倍する学習中、学習した後、算数の授業のはじめに行います。

進め方（遊び方）

① 1人2.98の持ち点からスタートします。
② 2人1組になります。（歩いても可）
③ じゃんけんをして、グーで勝つと持ち点はそのまま、チョキで勝つと持ち点を100倍、パーで勝つと持ち点を10倍にする。
④ 自分の持ち点をお互いに言い合います。
⑤ 制限時間内まで③④をくり返し行います。

ぼくはパーで勝ったから2.98が10倍で29.8!

ワンポイント！

いろいろな子と対戦させます。何倍かは変えても構いません。自分の持ち点をノートにメモさせてもいいでしょう。

129〜132 小数点移動じゃんけん

130 アレンジ ① 負けルール追加バージョン①

129の③をアレンジします。

③ じゃんけんをして、グーで勝つと持ち点はそのまま、チョキで勝つと持ち点を100倍、パーで勝つと持ち点を10倍、負けると持ち点を$\frac{1}{10}$倍にします。

131 アレンジ ② 負けルール追加バージョン②

129の③をアレンジします。

③ じゃんけんをして、グーで勝つと持ち点はそのまま、チョキで勝つと持ち点を100倍、パーで勝つと持ち点を10倍、グーで負けると持ち点はそのまま、チョキで負けると持ち点を$\frac{1}{100}$倍、パーで負けると持ち点を$\frac{1}{10}$倍にします。

132 アレンジ ③ 教師が指定した数を目指すバージョン

129の③④⑤をアレンジし、⑥を追加します。

③ 教師がゴールの数を指定する。例えば、0.00298、29800
④ じゃんけんをする。（何倍にするかは、130、131のルールで）
⑤ 自分の持ち点をお互いに言い合います。
⑥ 教師が指定する数になったら座ります。

このアクティビティでは、楽しく小数点移動について学ぶことができます。慣れてくると2.08のように０を挟んだ小数を持ち点に設定します。こういった小数の場合は10倍にしたときに28としたり、10分の１をしたときには0.28としてしまったりと０をとばしてしまう子がいます。何度も取り組むことでそういう間違いもなくなっていきます。

倍数・約数

133 かぶっちゃやーよ！

| 人数 グループ | 場所 教室 | 時間 5分 | 準備物 なし |

めあて
倍数・約数についての力・理解を深めることができます。

タイミング
倍数・約数についてそれぞれ学習をした後の授業のはじめに行います。

進め方（遊び方）
① グループ（3〜6人）になります。（グループ内で取り組みます）
② 子ども達を全員立たせます。
③ 教師が「○の倍数」の数を指定します。例えば「4」。
④ みんなで「かぶっちゃやーよ、せーの」と言った後に自分の考えた倍数を言います。
⑤ グループの友達と言った数がかぶったら座ります。
⑥ ④と⑤をくり返します。
⑦ 制限時間内で、最後まで立っていた人が勝ちです。

かぶっちゃやーよ
せーの！

8あ…　12　8かぶった…

ワンポイント！
50までの倍数といったように制限をかけた方がよいです。
5年生までは○の段とかけ算にすると取り組めます。

133〜135 かぶっちゃやーよ！

|1|3|4| アレンジ ① 約数バージョン

133の③④をアレンジします。

③ 教師がお題である「○の約数」を言います。

④ 全員、最初は立った状態から始め、みんなで「かぶっちゃやーよ、せーの」と言った後にグループ全員で自分が考えた○の約数の数を言います。友達と言う数がかぶったら座ります。

ワンポイント

24などの約数の多いものも盛り上がりますし、9などの約数が3つしかないようなものも盛り上がります。

|1|3|5| アレンジ ② より心理戦になるバージョン

3回目までに数を決めて、勝負します。

133の④⑤⑥⑦をアレンジし、⑧を追加します。

④ みんなで「かぶっちゃやーよ、せーの」と言った後に、自分の考えた倍数を言います。

⑤ グループのみんなの数を聞いて、自分の数を変更しても構いません。

⑥ これを2回くり返します。1回目、2回目で、友達と数がかぶっても座りません。
友達とかぶらない数を考えます。3回目が本番です。

⑦ みんなで「かぶっちゃやーよ、せーの」と言った後に、自分の考えた倍数を言います。

⑧ 数がかぶった人は座ります。残った人が勝ちです。

135のアレンジでは、「全員がかぶらず言えたらクリア」という条件にルールをアレンジすると、その倍数や約数のすべての数についてより考える機会にもなります。たくさん取り組んで、倍数や約数の力や理解を深めましょう。

倍数・約数

学年 5

136 ダウトを探せ！

| 人数 何人でも | 場所 教室 | 時間 5分 | 準備物 なし |

🎁 めあて
倍数・約数についての力・理解を深めることができます。

🎁 タイミング
倍数・約数についてそれぞれ学習をした後、授業のはじめに行います。

🎁 進め方（遊び方）
ルールを説明します。

教師が「○の倍数」を言って、○の倍数を次々と言います。教師が○の倍数以外の数を言ったとき、子どもは「ダウト！」と言います。
（例えば、4の倍数のとき「9」）

① 教師が「○の倍数」の数を指定します。
　　（例えば、「2」）
② 教師が倍数を言っていきます。
　　（例えば、2、4、6……）
③ 倍数以外の数を言ったら「ダウト！」
　　（例えば、17で「ダウト！」）

（例）2の倍数なら
　　　T「2」　　C「…………」
　　　T「6」　　C「…………」
　　　T「17」　 C「ダウト！」

ワンポイント！
教師が数を言うスピードを早めたり、遅くしたりしても盛り上がります。

|1|3|6|~|1|3|9| ダウトを探せ！

|1|3|7| アレンジ ① 約数バージョン

136の①②③をアレンジします。倍数が約数になります。
ルールを説明します。
教師が「○の約数」を言って○の約数を次々と言います。教師が○の約数以外の数を言ったとき、子どもは「ダウト！」と言います。
（例えば、8の約数のとき「3」）
① 教師が「○の約数」の数を指定します。（例えば「8」）
② 教師が約数を言っていきます。（例えば、2、4、5……）
③ 約数以外の数を言ったら「ダウト！」（例えば、7で「ダウト！」）

|1|3|8| アレンジ ② ペアで行うバージョン

136の①②をアレンジします。
① 2人組になります。
「○の倍数」の数を決めます。（または、○の約数）
② どちらか1人が倍数を言っていきます。

|1|3|9| アレンジ ③ グループで行うバージョン

136の①②をアレンジします。
① グループ（3〜6人）になります。（グループ内で取り組みます）
「○の倍数」の数を決めます。（または○の約数）
② 1人ずつ倍数を言っていきます。

教師の目

子どもの実態によっては、いきなりアクティビティを行うのではなく、自分のノートに○の倍数を書かせたのちに行ってもいいかもしれません。最初は○の倍数、○の約数といってもスラスラ出てこなかった子たちもアクティビティを何度も行うことで、スラスラ言えるようになります。

ことばかけ
「昨日よりもダウトを言うスピードが上がったんじゃない？」

倍数・約数

140 約数ひき算ゲーム

| 人数 ペア | 場所 教室 | 時間 5分 | 準備物 なし |

めあて
約数の力を高めることができます。

タイミング
約数を学習した後の授業のはじめに行います。

進め方(遊び方)
① 2人1組で行います。
② 29からスタートし、29から29の約数でひきます。
③ ②の数から②の約数をひきます。
④ ③をくり返し、先に0になった方が負けです。

(例)

スタート　29

松村さん　29 − 1 = 28

白石さん　28の約数を考える　「28 − 7 = 21」

松村さん　21の約数を考える　「21 − 3 = 18」

白石さん　18の約数を考える　「18 − 9 = 9」

松村さん　9の約数を考える　「9 − 6 = 3」

白石さん　3の約数を考える　「3 − 1 = 2」

松村さん　2の約数を考える　「2 − 1 = 1」

白石さん　「1 − 1 = 0」　→白石さんの負け

ワンポイント!
交互にひいていきます。スタートの値は変えても構いません。
子どもに数値設定をさせたり、数値を年号にしても盛り上がります。

第 2 章

測 定

時刻と時間

141 時刻じゃんけん

人数 ペア　　**場所** 教室　　**時間** 5分　　**準備物** 時計の模型

🔲 めあて
時刻を読むことに慣れ親しみ、すぐに時刻を読めるようになります。

🔲 タイミング
時刻の学習を終えた後の、授業のはじめに行います。
長期間行いましょう。

🔲 進め方（遊び方）
① 子ども達全員、時計の模型を8時に合わせます。
② 隣同士で2人組になります。
③ 2人でじゃんけんをして、勝ったら時計の針を1時間進めます。
④ 時計の針を動かしたら、お互いの今の時刻を言い合います。
⑤ ③〜④をくり返し、先に12時になった方が勝ちです。

ワンポイント！
その都度、ペアで時間を確認する作業を取り入れます。
時計の模型を動かしながらの方がわかりやすいです。

141~145 時刻じゃんけん

142 アレンジ ① 負けルール追加バージョン①

141の③をアレンジします。

③ じゃんけんをして、勝ったら時計の針を1時間進めます。負けたら1時間戻します。ただし、スタートの8時より後ろにはいきません。

143 アレンジ ② 負けルール追加バージョン②

141の③をアレンジします。

③ じゃんけんをして、勝ったら時計の針を1時間進めます。負けたら30分進めます。

144 アレンジ ③ みんなでバージョン

141の②⑤をアレンジします。

② いろいろな友達と2人組（ちがう友達でもよい）になります。（歩いても可）

⑤ 12時になったら、自分の席に座ります。

145 アレンジ ④ 細かく進むバージョン

141の③をアレンジします。

③ じゃんけんをして、勝ったら〇分進めます。負けたら□分戻します。（〇分や□分は、教師が指定します）

ワンポイント

7分や12分など細かく時間を決めてもよいです。

時刻はすぐには読めるようにはなりません。長い時間をかけ、時刻を読むというトレーニングが必要です。時間内であれば、何度もアクティビティに取り組みましょう。行った回数やじゃんけんをした相手が多い子はそれだけ早く時刻を読めています。このアクティビティを何度も行うと、どの子も時刻を読むスピードがあがります。

ものの位置

146 宝箱はどこ？

| 人数 | 何人でも | 場所 | 教室 | 時間 | 5分 | 準備物 | 5×5マス表またはノート |

めあて
横に○、縦に□という表現で場所を表すことができます。

タイミング
ものの位置を学習中、学習した後、算数の授業のはじめに行います。

進め方（遊び方）
① 黒板に、5×5マス表（大きめ）を掲示します。
② 子ども達に、5×5マス表を配ります。
③ 代表を1人決めて、その子がマス目上のどこに宝物を隠すか決めます。
（どこに隠すかは、自分の表に書いてふせておきます）
④ その子に、どこに隠したか質問します。
質問は6つまでです。
質問に対しては、「はい」か「いいえ」でしか答えられません。
⑤ 6つの質問後に、宝箱の場所を予想しマス表に書きます。
（横に○、縦に□）
⑥ どこに隠したか発表します。

ワンポイント！
「横の3・4・5にありますか？」のように数を複数使うことはできません。

146~147 宝箱はどこ？

147 アレンジ ① 簡単な1年生バージョン

146をアレンジします。

① 黒板に10マス表（1列10マス）を掲示します。
② 代表を1人決めて、その子がマス目上のどこに宝箱を隠すか決めます。
（どこに隠すかは、紙に書いてふせておきます）
③ その子にどこに隠したか質問します。質問は3つまでです。
質問に対しては、「はい」か「いいえ」でしか答えられません。
④ 質問後に、宝箱の場所を予想します。
（前から△番目、後ろから□番目）
⑤ どこに隠したか発表します。
（例えば、前から3番目、後ろから8番目）

教師の目

このアクティビティでは、「縦○」といった表現ではなく、子ども達から出る表現を使用していきましょう。子ども達の表現は、はじめ未熟だったり、あいまいなものだったりするかもしれませんが、構いません。そういった子ども達なりの表現を積み重ねていくことで、「縦○」という表現を知った時にその便利さにより気づくことができるでしょう。

ことばかけ
「だれの質問がわかりやすかった？」
「どんな質問をすればいいかな？」

大きさくらべ

148 えんぴつ何本分を探せ！

| 人数 何人でも | 場所 教室 | 時間 5～10分 | 準備物 なし |

🎲 めあて
任意単位による測定ができるようになります。

🎲 タイミング
単元「大きさくらべ」を学習中、学習後、授業のはじめに行います。

🎲 進め方（遊び方）
① 教師が「教室の中から、鉛筆□本分の長さのものを探そう！」と子ども達に伝えます。
　（最初は、□に3本、5本といった1桁の数を入れて活動させます）
② スタートの合図で教室を立ち歩き、探します。
③ □本分の長さを見つけた子から、席に座ります。
④ 最後に、見つけたものをノートに書き、時間があれば発表します。

ワンポイント！
任意単位（例えば鉛筆や消しゴム）により、様々なものを測定することで、1つ分の長さの違いに気づくことができます。
慣れてきたら、□に入れる数を子どもが考えるとより盛り上がります。

148~151 えんぴつ何本分を探せ！

149 アレンジ ① ペアバージョン

148の②をアレンジします。

② スタートの合図で教室を立ち歩き、2人組で探します。

ワンポイント

2人組で取り組むことで、より1つ分の長さの違いに気づくことができます。

150 アレンジ ② できるだけ多く見つけるバージョン

148の①をアレンジします。

① 「教室の中から、鉛筆□本分の長さのものを**できるだけ多く**探そう」と子ども達に伝えます。

ワンポイント

最初は3つ見つけようとか、5つ見つけようといった簡単な数から行いましょう。

151 アレンジ ③ 100本分バージョン

148の①をアレンジします。

① 「教室の中から、鉛筆100本分の長さのものを探そう！」と子ども達に伝えます。

子ども達は日常生活の中で、物を使って長さを計ることを経験しています。きっと、このアクティビティも楽しく取り組めることでしょう。
活動の中で、「僕と友達の鉛筆の長さが違うよ！」という発言が子ども達から出ます。また151では、100本分であるため、長さが短い鉛筆を選択する子がいます。その場合は、取り組み後に「鉛筆の長さが違うとどうなるの？」や、「どうして短い鉛筆を選んだの？」と聞き、クラスで考え、理由を説明することで、より1つ分の長さの違いに気づくことでしょう。

長さ

152 （　）を体でぴったんこカンカン！

| 人数 ペア | 場所 教室 | 時間 5分 | 準備物 1mものさし |

📦 めあて
長さの感覚を育てたり、ものさしで測定する力を育てます。

📦 タイミング
長さを学習中、学習後の授業のはじめに行います。

📦 進め方（遊び方）
（　　）には○mが入ります。
① 2人組になります。
② 教師が「○mを作ってください」と伝えます。
③ 1人が言われた○mを時間内で体を使って表現します。
④ 相手の子が測定し、○mに近い人が勝ちです。
　（どちらの子も表現できるようにします）

ワンポイント！
最初はm単位で行います。3mなどと少し長い距離にすると友達と協力して取り組めます。

152~154　(　)を体でぴったんこカンカン！

153　アレンジ　①　cmバージョン

152の②③④をアレンジします。

② 教師が○cmと宣言します。
③ 1人が言われた○cmを時間内で体を使って表現します。
④ 相手の子が測定し、○cmに近い人が勝ちです。
　（くり返して、どちらも行います）

154　アレンジ　②　○m□cmバージョン

152の②③④をアレンジします。

② 教師が○m□cmと宣言します。
③ 1人が言われた○m□cmを時間内で体を使って表現します。
④ 相手の子が測定し、○m□cmに近い人が勝ちです。
　（くり返して、どちらも行います）

ワンポイント

cmの方は10cm単位の方が測定しやすいです。1mものさしで測定するのではなく、紙テープなどで長さを作っておくとよいでしょう。

「何cmを測ります」「この長さは何cmですか」と、ただ問題を与えられるより、このアクティビティの方が楽しいでしょう。アクティビティの中で何度も測定をするので、測定する力も養うことができます。
2人組で測定するときに、少しずつ距離を長くしたり、短くしたりしてしまう子がいるかもしれません。「秋元さん、ずるい！！」と言う子がいるかもしれません。「どうして秋元さん、そんなことをするの？」と叱るのではなく、「そんなことを気にせずやってみよう！」と楽しい雰囲気で行っていきたいです。

重さ

学年

155 重さは何g？

人数 グループ　**場所** 教室　**時間** 10〜15分　**準備物** 砂を入れた袋（ペットボトルでも可）、秤

🎯 めあて
量感を育てることができます。

🎯 タイミング
重さを学習中、学習した後の授業のはじめに行います。

🎯 進め方（遊び方）
① グループ（2〜4人）に砂を入れた袋を渡します。
② グループでその袋が何グラムかを予想します。
③ 予想した重さを全体で交流します。
④ 先生が答えを言います。
⑤ 答えに近かった人の勝ちです。

ワンポイント！
100g単位で重さを作った方がよいです。慣れてきたら、細かく設定してみましょう。

10g単位で行い、それにも慣れてきたら1g単位でもすると盛り上がります。

155~158 重さは何g？

156 アレンジ ① 子どもが作った袋の重さを予想するバージョン

事前に休み時間などに子ども（希望者）とグループの分を作っておきます。作るときには秤を用意しておきましょう。

155の④をアレンジします。

④ 袋を作った人が答えを言います。

157 アレンジ ② 教室内にあるものの重さを予想するバージョン

155の①をなくし、②③④をアレンジします。

② 教室内にあるものを指定し、個人でその重さは何グラムかを予想する。
③ グループ内で予想を交流する。
④ 実際に、ものを秤で測定をします。

ワンポイント

どこかの段階でgだけでなくkgでも行いましょう。

158 アレンジ ③ 自分が生まれたときの体重を体験するバージョン

155の①②③をアレンジします。

① 事前に保護者の方に協力してもらい、生まれたときの体重を子ども達が知っているようにします。
② 袋に砂を詰め込み、自分の生まれたときの体重にします。
③ 2人で袋を持ち合い、お互いの重さを予想します。(チャンスは3回)

ワンポイント

生まれたときの体重については、子どもの実態や環境に配慮しましょう。2年生の生活科と合わせて取り組むこともできます。

量感覚を育てることができるアクティビティです。最初はとんでもない重さを言う子もいるかもしれません。でも、何度もくり返すことで量感覚が養われ、だいたいの重さを言えるようになってくることでしょう。

角とその大きさ

159~160 ○度を体で表現しよう

学年 4

159 ○度を体で表現しよう

| 人数 何人でも | 場所 教室 | 時間 3〜5分 | 準備物 教師用分度器 |

めあて
角の大きさに慣れ親しみます。

タイミング
角の大きさを学習しているときの授業のはじめに行います。

進め方（遊び方）
① 教師が「○○度を体で表現しましょう」と伝えます。
② 時間内に体を使って、「○○度」を表現します。
③ 教師用分度器で測定します。

アレンジ

160 アレンジ①　ペアで協力して取り組むバージョン
159の②をアレンジします。
② 時間内にペアで体を使って、「○○度」を表現します。

ワンポイント！
指定する角度は、30度、60度といった10度単位がよいです。全員が一度にすると時間がかかるため、代表で数人に表現させても構いません。それを子どもが測定しても盛り上がります。

教師の目
頭で240度は180度より大きいとわかっていても、なかなか上の考え方を使えない子がいます。アクティビティの中で180〜360度の角を指定して、何度も取り組ませることで、イメージを持たせることができます。

第 **3** 章

図　形

線対称・点対称

学年

161 折り紙を切り取って！

人数 何人でも　　**場所** 教室　　**時間** 5〜10分　　**準備物** 折り紙（人数分）ハサミ

めあて
線対称、点対称、線対称かつ点対称な図形を作ることができます。

タイミング
線対称、点対称、線対称かつ点対称な図形を学習中、学習した後の授業のはじめに行います。

進め方（遊び方）
① 折り紙を配ります。
② 制限時間内に最低1回は折って、ハサミで自由に直線・曲線を切り取ります。
③ 折り紙を広げて、線対称になっているか確認します。
④ 友達と作品を交流します。

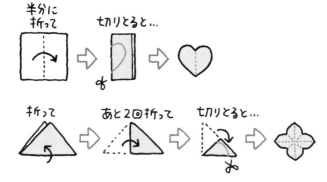

ワンポイント！
画用紙などの台紙にはれば、そのまま教室の掲示物にもなります。一石二鳥のアクティビティです。

161~163 折り紙を切り取って！

162 アレンジ ① 点対称な形バージョン

161の②をアレンジします。

② 制限時間内に最低1回は折って、点対称の図形になるようにハサミで切り取ります。

ワンポイント

時間は10分程度かかります。鉛筆で線を描きたい子がいるかもしれません。もちろん下書きしても構いません。また失敗する子もいることでしょう。予備の折り紙をたくさん用意しておきます。何度も失敗することが、成功への近道かもしれません。

163 アレンジ ② 線対称かつ点対称な形バージョン

161の②をアレンジします。

② 制限時間内に最低1回は折って、線対称かつ点対称な形の図形になるようにハサミで切り取ります。

161→162→163といくにつれて難しくなっていくアクティビティです。実は161や162をしているときに、163にある「線対称かつ点対称」な形を作り出している可能性があります。身の回りには線対称、点対称、線対称かつ点対称のものはたくさんあります。そんなことにも気がついて欲しいアクティビティです。

ことばかけ

「（　　　）な図形を切り取るためのコツは何かな？」
「身の回りで（　　）な図形はないかな？」
「身の回りで（　　）な図形を探してみよう！」

※（ ）には線対称、点対称、線対称かつ点対称のどれかが入ります。

線対称・点対称

学年

164 （　）の形を見つけるまで帰れま10

人数 グループ　　場所 教室　　時間 5～10分　　準備物 なし

めあて
線対称、点対称、線対称かつ点対称な図形について理解を深めることができます。

タイミング
線対称、点対称、線対称かつ点対称な図形を学習しているとき、学習した後の授業終盤で行います。

進め方（遊び方）
① 　グループ（2～4人）になります。（グループ内で取り組みます）
② 　身の回りのものから線対称のものを10個探します。
③ 　10個、見つけたら席に座ります。
④ 　見つけたものを発表します。

ワンポイント！
1人で取り組んでも構いません。
授業の終わりに取り組み、クリアできると休み時間になると設定するとより盛り上がります。

164〜167 (　)の形を見つけるまで帰れま10

165 アレンジ ① 点対称の形を見つけるバージョン

164の②をアレンジします。

② 身の回りのものから点対称のものを10個探します。

166 アレンジ ② 線対称かつ点対称の形を見つけるバージョン

164の②をアレンジします。

② 身の回りのものから線対称かつ点対称のものを10個探します。

ワンポイント

見つけたものはノートにメモしておくとよいです。

167 アレンジ ③ クラス全員で100個見つけるバージョン

164の②をアレンジします。

② 身の回りのものから、線対称もしくは点対称もしくは線対称かつ点対称の形のものを100個探します。クラス全員で協力して取り組みます。

ワンポイント

100個ではなく300個など数を多く設定すると子ども達は自然と協力しながら取り組むことでしょう。

身の回りには線対称、点対称、線対称かつ点対称のものはたくさんあります。そんなことにも気がついて欲しいアクティビティです。

ことばかけ

「思ったよりも身の回りに（　　　）な形があると思いませんか?」

図形

168 図形で福笑い！

| 人数 | 何人でも | 場所 | 教室 | 時間 | 5～10分 | 準備物 | 福笑いの顔、三角・四角・丸の紙を各3枚 |

めあて
様々な図形に慣れ親しむことができます。

タイミング
図形の学習を終えた後や、3学期開始1週目（冬休み明け）に行います。

進め方（遊び方）
目や口や鼻になる様々な形の図形の紙を置きます。
（どの図形をどこにおくかは自由です）

① 福笑いの顔の型紙を用意します。
② 挑戦する子どもに、ハンカチもしくはタオルなどで目隠しをします。
③ 紙を置くときは、どこに何の図形をおくかを宣言してから行っていきます。「三角の目を置きます」など。
　周りは声出しでサポートします。
④ 全部置けたら、「できた！」と言い、目隠しをとります。
⑤ できた作品を見て、楽しみます。

ワンポイント！
お正月の定番の遊び「福笑い」のルールと一緒です。
使う図形は、事前に印刷し、子ども達に切らせましょう。教師の方で切り取っておく必要はありません。切り取ることも図形に慣れ親しむことにつながります。

168〜169 図形で福笑い！

169 アレンジ ① 準備物となる図形を増やして行うバージョン

4年生もしくは図形の描き方を学習した後や5年生では、正方形、長方形、台形、平行四辺形、五角形、六角形などを追加して行うことができます。追加した中で何を使うのかを選択させても構いません。

ワンポイント

図形の作図を学習した後であれば、使う図形を自分で描かせてから取り組ませます。それぞれが描くため、図形の大きさも変わりますが、図形の大きさが変わることでより盛り上がることでしょう。

目を隠されているため、図形を手で触り、図形の特徴を考えながらどこに配置をしようか無意識に考えることでしょう。アクティビティを通して、図形に慣れ親しむことができます。

ことばかけ

「どうして、〇〇を目（鼻、口）にしたのかな？」
「どんなことを考えながらしたのかな？」

面積・体積

170 (　)cm²を作り出せ！

| 人数 | 何人でも | 場所 | 教室 | 時間 | 15分 | 準備物 | 1cm²の方眼紙（人数分）またはノート |

めあて
面積（体積）について理解を深めることができます。

タイミング
面積（体積）を学習中、学習した後の授業のはじめに行います。

進め方（遊び方）
① 1cm²の方眼紙を配ります。
② テーマを決めて、絵を2019cm²（1cm²が2019個）で作ります。
③ 完成し、時間があれば色を塗ります。
④ 作品を交流します。

ワンポイント！
慣れるまでは2019cm²ではなくもっと小さい数にしても構いません。
2019cm²という数は、西暦で設定します。
最初は、平成30年の30cm²で取り組んでも構いません。

170〜172　（ ）cm²を作り出せ！

171 アレンジ ①　体積バージョン

① グループ（3〜4人）になります。（グループ内で取り組みます）
② 1cm³の立方体を方眼紙などで2019個をグループで作ります。
③ どのような作品を作るのかを考える。
④ 実際に作ってみます。

ワンポイント

5年生で体積の学習をした後に取り組みます。
時間がかかるため、何回かに分けて取り組みましょう。

172 アレンジ ②　5cm²の正方形を作り出すバージョン

① 方眼紙を配布します。もしくは自分のノートに書く。
② 制限時間内にその方眼紙の中に5cm²の正方形を作ります。

ワンポイント

ペアで協力して取り組んでも構いません。
また5cm²の正方形を作り出すことが難しいため、3、7、11といった素数の正方形を作ることから取り組んでいっても構いません。

（例）

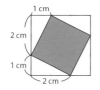
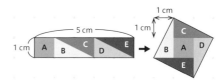

教師の目

面積、体積の求め方の本質は、1cm²の正方形、1cm³の立方体がいくつあるかです。それを、このアクティビティを通して学ぶことができます。
172はひらめきも大切になってきます。なかなかできなくて難しいかもしれません。正しい答えにたどり着かなくても一生懸命に考えていることに意味があります。

面積

173 1㎡で遊ぼう！

学年 4

| 人数 | 何人でも | 場所 | 教室 | 時間 | 10分 | 準備物 | 新聞紙、1mものさし |

🎁 めあて
1㎡について慣れ親しみ、量感覚を育てることができます。

🎁 タイミング
1㎡を学習中、学習した後の授業のはじめに行います。

🎁 進め方（遊び方）
① 新聞紙を配ります。
② 1mものさしを使いながら新聞紙で1㎡（1m×1m）を作ります。
③ 完成したらその上に何人乗れるのかを予想します。
④ 実際に乗ってみます。
⑤ 何人乗れたか発表します。

ワンポイント！
子ども達が思っているよりも1㎡の上に乗ることができます。楽しみながら量感覚を育てていきましょう。破れたら新聞紙なのでまた作り直せばいいです。たくさん遊びましょう。

173~174 1㎡で遊ぼう！

174 アレンジ ①　1mものさしを使わずに1㎡を作るバージョン

173の②③をアレンジし、④⑤は行いません。

②　1mものさしを使わずに予想で1㎡（1m×1m）を作ります。

③　事前に作っていた実際の1㎡の新聞紙と比較してみます。

　1㎡の新聞紙の上に乗るときは、男子女子関係なく体を寄せ合いながら、キャーキャー言いながら盛り上がって取り組むことでしょう。子ども達は1㎡とは1m×1mということは知っています。しかし、知っているだけで、量感覚が育っていないことがあります。1㎡を実際に1mものさしなしで自分の感覚で作ることで量感覚も養うことができます。

1人ではなく、ペアやグループで取り組むことで、自分と友達との量感覚のズレを感じながら、取り組めるのも有効です。

ことばかけ

「作ってみてどうだった？」

「自分が思っていた大きさだった？」

「次に作るときは、1㎡ぴったりに作れるかな？」

面積

175 1aドッジボール

| 人数 | 何人でも | 場所 | 運動場 | 時間 | 20分 | 準備物 | メジャー、コーン、ラインカー |

学年

めあて
1aを実感し、量感覚を育てます。

タイミング
1aについて学習した後、授業の後半の時間に行います。

進め方（遊び方）
① 運動場に集合します。
② 自分が始点から縦・横で10mだと思うところに立ってみます。
③ 実際に始点から縦10m、横10mのラインを引きます。
④ 自分の感覚と実際の10mがどうだったのかを考えます。
⑤ もう1つのコートを書きます。
⑥ 2つのチームに分け、ドッジボールを行います。

ワンポイント！
コートを引くところから、みんなで行うことで量感覚を育てることができます。

175~176 1aドッジボール

176 アレンジ ① サバイバルバージョン

175の⑥をアレンジします。

⑥ 2つのチームに分け、それぞれのチームで王様を決め、ドッジボールを行います。王様が当てられるとコートが半分になります。1回当たると1aが0.5aになります。

ワンポイント

王様が戻ってくると1aに戻すというルールもいいです。また王様が内野に戻り、再び当たってしまうとさらに半分の0.25aになるといったルールでも、とても盛り上がります。

1aが10m×10mであることがわかっていても、実際の広さと結びついていない子がほとんどです。そこで、このアクティビティを通してそういった量感覚を養うことにもつながります。きっと普段行っているドッジボールのコートの大きさと変わらないことに気づくでしょう。
休み時間にもきっと1aドッジボールをする子もいるでしょう。

体積

177 1m³を作り出せ！

| 人数 グループ | 場所 教室 | 時間 20〜30分 | 準備物 1mものさし |

めあて
1m³に慣れ親しみ、量感覚を育てることができます。

タイミング
1m³について学習した後の授業のはじめに行います。

進め方（遊び方）
① グループ（3〜6人）を作ります。
　（グループ内で取り組みます）
② 制限時間内（20〜30分）に身の回りのものを使用して、グループで相談しながら1m³の大きさを作ります。
③ どんなもので作ったのかを交流します。

ワンポイント！
ぎゅうぎゅうに詰まっていなくても構いません。絵の具セットや机やいすなど教室にあるものを使って作らせます。

教師の目
「（　）cm³を作り出せ！」や「1aドッジボール」といったアクティビティと同様に1m³の大きさについて実感することができるアクティビティです。1m³ってこんなにも大きいものだと子ども達は驚くことでしょう。基本的にはどんなものを使っても構いません。楽しく取り組ませましょう。

第4章

トピック

| トピック | 学年 1 2 3 4 5 6 |

178 ヌメロン

人数 ペア　**場所** 教室　**時間** 5〜10分　**準備物** 紙、ノート

めあて
相手の3桁の数が何かを論理的に考えることができます。

タイミング
授業のはじめに行います。

進め方（遊び方）
① 2人1組で行います。
② それぞれが、0〜9までの数字3つを使って、3桁の数を作ります。同じ数字は使えません。
③ 先攻、後攻を決め、先攻の人は相手の3桁の数を予想して言います。
④ 後攻の人は、先攻の人から言われた数と自分が考えた数を見比べ、どの程度あっているかを発表します。
数字と桁が合っていた場合は「EAT」（イート）、数字は合っているが桁は合っていない場合は「BITE」（バイト）と言います。
（例）考えていた数が「123」
　　　相手に言われた数が「135」であった場合は、
　　　「1」の桁が一致しているため、「EAT」（イート）
　　　「3」の数はあっているが、桁の位置が違うため「BITE」（バイト）になり、この場合は「1EAT-1BITE」となります。
⑤ ③④をくり返し、先に相手の番号を当てた方の勝ちです。

178〜179 ヌメロン

179 アレンジ ① アイテムを使うバージョン

ここでは一部のアイテムを紹介します。アイテムは1人2個使うことができます。

どのアイテムを使うか相手に伝えておきます。

そしてアイテムを使うときは、③で予想した数を言う前・言われる前に、アイテム名を相手に言ってから使います。

アイテム①　DOUBLE（ダブル）

自分の番で2回連続で相手の数を言えます。ただし、代償として自分の番号を1つ言わなければなりません。どの桁を言うかは相手に指定されます。

アイテム②　HIGH&LOW（ハイアンドロー）

相手のすべての桁の数字が、それぞれ「HIGH（5–9）」「LOW（0–4）」のどちらかを知ることができます。百の桁から順に宣言をさせられる（例：「549」ならばHIGH（5）・LOW（4）・HIGH（9））。

アイテム③　SLASH（スラッシュ）

相手から最大数から最小数をひいた「スラッシュナンバー」を聞くことができます。

（例）「925」ならば、最大数「9」－最小数「2」＝スラッシュナンバー「7」となります。

アイテム④　SHUFFLE（シャッフル）

自分が設定した3桁の数をシャッフル（桁を入れ替え）し、新たな3桁の数にすることができます。

（例）「925」→「592」

（参考ホームページ）

https://ja.wikipedia.org/wiki/Numer0n
http://wonder-trend.com/archives/9350.html
https://ameblo.jp/a-la-carte-1012/entry-11401369990.html

トピック

学年 1 2 3 4 5 6

180 not 21

人数 ペア　　場所 教室　　時間 5〜10分　　準備物 なし

🎁 めあて
数遊びを通して、数に慣れ親しむことができます。

🎁 タイミング
授業びらき、学級びらきの時や普段の授業のはじめに行います。

🎁 進め方（遊び方）
① 2人組で行います。
② 交互に数を言っていき、先に21をいった方が負けです。
1回に3つまでの数を言うことができます。
（例）
生田さん「1・2・3」　　松村さん「4・5」
生田さん「6」　　　　　松村さん「7・8・9」
生田さん「10・11」　　松村さん「12」
生田さん「13・14・15」松村さん「16」
生田さん「17」　　　　松村さん「18・19・20」
生田さん「21」
→生田さんの負け

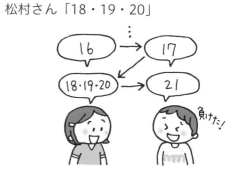

ワンポイント！
100といった大きな数で行うと盛り上がります。

トピック

181 説明タイムアタック

学年 1 2 3 4 5 6

181 説明タイムアタック

| 人数 | 何人でも | 場所 | 教室 | 時間 | 5分 | 準備物 | ストップウォッチ |

めあて
用語などを説明することができます。

タイミング
普段の授業や単元末の授業のはじめに行います。

進め方（遊び方）
① 今日のお題（例えば「三角形の面積の求め方」）を30秒ぴったりになるように説明をするように伝えます。
② 説明する内容を1人で考えます。
③ 実際にみんなの前に立って、お題について説明をします。
④ タイムの結果発表をします。

ワンポイント！
タイムは④で発表するため、説明をしている子には見せません。
最初は短い時間の方がどの子も取り組みやすいです。このとき、説明を聞いている側には、タイムが見えるようにしておきます。そうすることで、聞いている側もより盛り上がります。

教師の目
短くまとめることで、その時間の大切な考え方がより見えてくるアクティビティです。慣れるまではグループで取り組んでもよいでしょう。
何人かに説明させていくと、前の人のマネをしながら上手になっていくでしょう。上手になった点を具体的にほめましょう。

トピック　　　　　　　　　　　182 サイコロトーク
学年 1 2 3 4 5 6

182 サイコロトーク

人数 グループ　**場所** 教室　**時間** 5〜10分　**準備物** サイコロ（グループ分）、メニュー表

🎲 めあて
学習したことを説明することができます。

🎲 タイミング
通常の授業のはじめ、テスト実施前に行います。

🎲 進め方（遊び方）
① グループ（3〜6人）になり、サイコロを配ります。
　（グループ内で取り組みます）
② 順番を決めて、サイコロを振ります。
③ 黒板に掲示しているメニュー表（サイコロの目の数）を見て、お題について30秒で説明します。

（例）5年面積
　1　図形について
　2　台形の面積の求め方について
　3　平行四辺形の面積の求め方について
　4　三角形の面積の求め方について
　5　この単元で大切なポイントだと思うことについて
　6　この単元で難しいところ

ワンポイント！
メニュー表は、その単元で取り組んできた大切な考え方や公式などをメニューにしましょう。どうしても教科書やノートを見たい人は見てもいいようにします。

183 まちがえている答えはどれ？

| 人数 何人でも | 場所 教室 | 時間 5分 | 準備物 プリント |

めあて
間違えている答えを見つけることができます。

タイミング
授業のはじめに行います。

進め方（遊び方）
① 10問の計算問題が載っているプリントを用意しておきます。
   プリントには式や答えがすでに書かれています。
   しかし、いくつかは間違えている答えを書いておきます。
② プリントを配り、どの答えを間違えているのかを探し、間違いを見つけます。
③ みんなで、どこがどのように間違えていたのかを交流します。

ワンポイント！
慣れてきたら、子ども達に問題を作らせたプリントに取り組むとより盛り上がります。

184 板書の写真を並び替えよう！

| 人数 何人でも | 場所 教室 | 時間 5分 | 準備物 単元の毎時間の板書写真 |

🔲 めあて
単元を通してのふり返りができます。

🔲 タイミング
単元末の授業に行います。

🔲 進め方（遊び方）
① 単元の板書がランダムに並んでいるプリントを配ります。
② 学習順に並び替えます。
③ どのように並び替えたのかを交流します。

ワンポイント！
板書ごとに、番号を振っておきます。
黒板に貼るものは大きく印刷して、掲示します。

教師の目
単元の終わりに取り組むとこれまでの学習をふり返ったり、既習のつながりを考えたり、単元を通しての大切なことが見えたりすることがあります。

トピック

185 ふり返りビンゴ！

学年 1 2 3 4 5 6

| 人数 何人でも | 場所 教室 | 時間 10分 | 準備物 ノート |

🎁 めあて
学期で学習したことをふり返ることができます。

🎁 タイミング
学期末の終わりの授業に行います。

🎁 進め方（遊び方）
① その学期で学習したこと（用語や公式など）を黒板に書き出します。
② 3×3（もしくは5×5）マスを算数ノートに書き、マスに自由に用語や公式を書かせます。
③ そして教師が学習したことをランダムに読み上げます。
④ 縦・横・斜めのいずれか一列が読み上げられたら、ビンゴ。

ワンポイント！
「どんなことを学習した？」「こんなことをしたよね〜」と子ども達とふり返りながら、学習したことを書き出すととてもよいです。

トピック

186 板書まちがい探し！

人数 何人でも　**場所** 教室　**時間** 5分　**準備物** なし

📦 めあて
前時の学習をふり返ることができます。

📦 タイミング
授業のはじめに行います。

📦 進め方（遊び方）
① 教師が黒板に昨日の学習の復習したことについて書きます。ただし1か所だけ間違えて書きます。
② 書いているときは子ども達は目をつむらせるか、机にふせさせておきます。
③ 書けたら、目を開けさせ、どこが間違えているのかがわかった人から手をあげます。
④ 間違いを発表し、みんなで共有します。

ワンポイント！
最初はだれもが見つけることができる間違いからスタートします。間違えている所を増やすことでより盛り上がります。

186〜189 板書まちがい探し！

187 アレンジ ① 授業の終わりのバージョン

186の①③をアレンジします。
① 授業の終わりに1時間書いてきた板書の中を1か所間違えていることに書き換えます。
③ 間違いがわかったら答えを言わず静かに手をあげます。

ワンポイント
まとめのところや大切なところなどを書き換えると印象づけることができます。

188 アレンジ ② 穴抜きバージョン

186の①をアレンジします。
① 1時間書いてきた板書の中で、数か所消して、（　　　）を書きます。

ワンポイント
慣れてきたら、子ども達に教師役をさせてもよいです。
（　）に番号を振り、ノートに書かせてもよいです。

189 アレンジ ③ 187＆188ミックスバージョン

186の①をアレンジします。
① 1時間書いてきた板書の中で、数か所消して、間違えていることや（　　　）を書きます。

ワンポイント
この時はあまり数が多くなりすぎないように気をつけます。

授業をふり返ることはとても大切なことです。しかし、子ども達の中にはふり返りというと文を書かされるというイメージがある子がいます。このアクティビティでは、楽しく学習をふり返ることができます。

トピック

190 5・7・5ふり返り！

学年 1 2 3 4 5 6

190 5・7・5ふり返り！

人数 何人でも　**場所** 教室　**時間** 5分　**準備物** ノート

めあて
ふり返りを書くことができます。

タイミング
授業の終盤に行います。

進め方（遊び方）
① 今日の学習内容について、五・七・五でまとめます。
② まとめたふり返りを交流します。

ワンポイント！
最初に取り組むときには、例を示して取り組むようにします。

（例）三角形　3つのかきかた　覚えよう

授業の最初や終わりに共有することで、ふり返ることができたり、「やっぱりその考え方は大切だったんだ」と実感することができます。

| トピック |

191 ツイートふり返り！

人数 何人でも　**場所** 教室　**時間** 5分　**準備物** ノート

めあて
ふり返りを書くことができます。

タイミング
授業の終盤に行います。

進め方（遊び方）
① 今日の学習内容について、ツイート形式（140字以内）でまとめさせます。
② まとめたふり返りを交流します。

教師の目

思っているよりも140字を少なく感じる子がいるかもしれません。ふり返りを書くことが苦手な子もいます。そういった子には音声でふり返りを言わせてから書かせると取り組みやすくなります。
大切なのは140字以内ということです。少ない分には構いません。50字でも構いません。

192 お休みの子へお手紙ふり返り

人数 何人でも　**場所** 教室　**時間** 5〜15分　**準備物** 手紙

めあて
手紙でふり返りを書くことができます。

タイミング
授業の終盤に行います。

進め方（遊び方）
「お休みの子へ今日の学習内容を伝えてあげよう」と設定を説明します。
① お休みの子ども用の手紙を配布します。
② 実際に書いてみます。
③ みんなで交流します。

ワンポイント！
実際にお休みの子がいても・いなくても関係なく取り組みます。
書けた子から交流していきます。次の時間のはじめに交流すると、前時の復習にもなります。

教師の目
実際にお休みの子どもがいた場合にはその子に読んでもらい、評価をしてもらえたらよりいいでしょう。他者からの評価、しかも友達からの評価はより主体的になれるチャンスです。

トピック

193 ふり返りキャッチフレーズ

学年 1 2 3 4 5 6

| 人数 何人でも | 場所 教室 | 時間 5分 | 準備物 ノート |

めあて
短くふり返りを書くことができます。

タイミング
授業の終盤に行います。

進め方（遊び方）
① 授業の終わりに今日の学習内容について、大切だと思う考え方などを一言でまとめさせます。
② 全体で交流し、1番キャッチーなフレーズのものをクラスの代表作品とします。

ワンポイント！
クラスの代表作品は、ノートに書かせておきます。そして、次の時間の授業のはじめにふり返るとより有効です。
一言でわかる言葉を目指します。何度も取り組み、交流していくことで短いキャッチフレーズを作れるようになります。

トピック	194 #ハッシュタグふり返り
	学年 1 2 3 4 5 6

194 #ハッシュタグふり返り

人数 何人でも　**場所** 教室　**時間** 5分　**準備物** ノート

めあて
短くふり返りを書くことができます。

タイミング
授業の終盤に行います。

進め方（遊び方）
① 授業の終わりに、今日の学習内容について、大切だと思う考え方などを一言、短くまとめさせます。
② 書くときには、一言の先頭に#をつけます。
　（例）　#底辺×高さ÷2
　　　　#四角形を作ってみる
　　　　#10のかたまりを作る
　　　　#さくらんぼ計算
③ みんなで共有します。

ワンポイント！
最初に導入するときには、次のように伝えるとわかりやすいです。
インターネット上（SNS）では、#（ハッシュタグ）というのが使われています。この#を使うことで伝えたいことを、整理しやすく、みんなに伝えやすくなります。
勉強でも大切だと思う考え方・内容などを一言で表せるとよいです。

トピック

195 筆談トーク

> 人数 ペア　　場所 教室　　時間 5～10分　　準備物 紙

🔲 めあて
学習のふり返りができる。

🔲 タイミング
授業の終盤に行います。

🔲 進め方（遊び方）
① 2人組になり、向かい合わせに座ります。
② 今日の学習のまとめについて、2人で話をせずに筆談で対話をします。
③ 筆談した紙を使い、どんなことを書いたのかを交流します。

ワンポイント！
最初はテーマを与えて取り組ませた方が子ども達も取り組みやすいです。

トピック

196 黒板書き対決！

| 人数 | 何人でも | 場所 | 教室 | 時間 | 5分 | 準備物 | なし |

めあて
学習したことを復習することができます。

タイミング
授業のはじめに行います。

進め方（遊び方）
① お題を伝えます。
　（例えば、「3の倍数、5の倍数を書きます」）
② 制限時間内に、黒板にお題に関することを書きます。
③ 書いた個数で競います。

ワンポイント！
黒板に書けない子はノートに書きます。

196~198 黒板書き対決！

197 アレンジ ① 黒板書きリレー対決バージョン

196の②③をアレンジします。
② 制限時間内に、黒板にお題に関することをグループ対抗で書きます。
③ 1つ書くと交代します。

ワンポイント
交代しなくても構いません。とにかく協力して多く書いたグループの勝ちです。

198 アレンジ ② NGワードに気をつけるバージョン

196の②をアレンジします。
② 教師の方でNGワードを設定しておきます。
何個かけているか集計をし終わった後に、そのNGワードを発表します。
NGワードがあったチームは減点！

黒板に書くということは子ども達みんなが好きなことです。どの子も積極的に取り組むことでしょう。黒板にダンボールなどで仕切りをつけると、テレビ番組のようになり、より盛り上がります。

トピック	199（　　　）書き！
	学年 1 2 3 4 5 6

199（　　　　　）書き！

人数 何人でも　**場所** 教室　**時間** 5分　**準備物** なし

めあて
公式や用語などを意識したり、覚えたりすることができます。

タイミング
授業のはじめ、授業の終わりに行います。

進め方（遊び方）
① 教師が、「今から〇〇書きをします。「〇〇〇」を空に大きく書きましょう」と伝えます。（例えば、「三角形の面積」）
② 「せーので」と言われたら、空に大きく〇〇〇を書きます。
※何回も行っても構いません。

教師の目

算数では公式や用語などがたくさんでてきます。覚えることがたくさんあります。ノートにただ書くだけでなく、〇〇書きをすることで意識づけることができるかもしれません。そして、これで覚えることができるかもしれません。〇〇には、逆の手書き、頭描き、へそ描き、尻描きなどのバージョンがあります。楽しく取り組みましょう。

トピック　　　　　　　　　　　　200 ○×算数クイズ

学年 1 2 3 4 5 6

200 ○×算数クイズ

人数 何人でも　**場所** 教室　**時間** 5分　**準備物** 教科書、ノート

めあて
学習した内容や前単元の内容がわかります。

タイミング
授業のはじめに行います。

進め方（遊び方）
① 教師が教科書から問題を言います。
　（例えば、「台形の面積の求め方は（底辺＋高さ）÷5である」）
② 「せーので」と言われたら、頭の上に大きく○か×を出します。
③ 教師が正解を言います。

ワンポイント！
×の場合は正しい答えを子ども達に言わせます。
×の問題はめちゃくちゃの内容の方がより盛り上がります。

おわりに

　200個の算数アクティビティはいかがだったでしょうか。
　算数アクティビティをしているときの子ども達の様子はどうでしょうか。

　以前の私の算数授業は、「こうでないといけない」「絶対にこの流れで進めないといけない」「これをすれば間違いない」と自分の頭が凝り固まり、授業自体も凝り固まっていました。子ども達がつまらなそうな顔をしていても、「なぜつまらなそうな顔をするのだ」と思ったり、学習についてくることができていない子がいたときには、「なぜついてこれないのだ！」とその子のせいにしていた時期がありました。

　しかし、今の私の算数授業は、「力がつくならなんでもいい」というスタイルです。算数の王道の授業をされる方にとっては、本書のような算数アクティビティは邪道と思われるかもしれません。でも、邪道でもなんでもいいんです。子ども達が笑顔で取り組んで、力がつくのならなんでもいいんです。そのような子どもの姿を邪道とは言わせません。また、そのような子どもの様子を見ると、教師である私達も笑顔になります。算数授業が教師も子どもも楽しいのです。教師として幸せだと思いませんか。現在、「主体的・対話的で深い学び」と授業改善のことがよく言われますが、今みなさんがされている授業にこの算数アクティビティを取り入れるだけで、授業改善になります。

　来年度、樋口学級の学級文庫に本書を置こうと計画しています。子ども達が手に取り、休み時間やお楽しみ会で子ども達自身が本書から選択し、遊んでくれるかなと期待しているのです。この算数アクティビティを子ども達に渡すことで、大人が考えつかなかったようなアレンジをしてくれることでしょう。アレンジ次第で本書に載っているアクティビティは、300にも400にもなります。この算数アクティビティでたくさんの笑顔を見たいものです。

　最後になりましたが、企画の持ち込みのときから温かく見守っていただき、出版に至るまでお力添えいただきましたフォーラム・Aの藤原幸祐様には大変お世話になりました。この場を借りて心よりお礼申し上げたいと思います。

樋口　万太郎

参考文献

- 『「頭ほぐし」の学習ベスト50―はじめの5分で頭の準備運動を！』
  阿部隆幸編著／学事出版／2014年刊行

- 『クラス全員がひとつになる学級ゲーム＆アクティビティ100』
  甲斐崎博史著／ナツメ社／2013年刊行

- 『クラスのつながりを強くする！学級レク＆アイスブレイク事典』
  弥延浩史著／明治図書出版社／2017年刊行

- 『クラスを最高の雰囲気にする！目的別学級＆授業アイスブレイク50 たった5分でアクティブ・ラーニングを盛り上げる！』
  赤坂真二編著／明治図書出版社／2017年刊行

- 『月刊 新しい算数研究 2018年5月号』
  新算数教育研究会／東洋館出版社／2018年刊行

- 『算数授業研究 VOL.101―特集 とりあえず「できる」より，まず「好き」に!! 算数好きを増やすこだわりのピカイチ授業アイデア55―』
  筑波大学附属小学校算数研究部／東洋館出版社／2015年刊行

- 『ゼロから学べる小学校算数科授業づくり』
  久保田健祐編著／明治図書出版社／2016年刊行

- 『誰でもできる算数あそび60』
  算数あそび研究会著／東洋館出版社／2015年刊行

- 『発問上達法』
  大西忠治著／民衆社／1998年刊行

樋口 万太郎（ひぐち まんたろう）
1983年大阪府生まれ。大阪府公立小学校、大阪教育大学附属池田小学校を経て、2016年より京都教育大学附属桃山小学校教諭。
「笑顔」「子どもに力がつくならなんでもいい！」「自分が嫌だった授業を再生産するな」をモットーに日々の算数授業を行っている。

朝日新聞「花まる先生」掲載
学びの場.com「教育つれづれ日誌」執筆者
全国算数授業研究会 幹事
関西算数授業研究会 副会長
授業力＆学級づくり研究会 事務局
学校図書教科書「小学校算数」編集委員

【著書や編著】
・「できる！楽しい！アクティブ・ラーニング型算数授業」（東洋館出版社）
・「クラス全員をアクティブな思考にする算数授業のつくり方 ―14のステップで教材開発＆授業展開のしかけづくり―」「THE 算数・数学科授業開きネタ集」（明治図書）
他多数

「あそび＋学び」で、楽しく深く学べる
算数アクティビティ200

2019年 4月10日　初版　第1刷発行
2022年10月20日　　　　第5刷発行
　　　　　著　者　樋口 万太郎　©2019
　　　　　発行者　面屋　洋
　　　　　発行所　フォーラム・A企画
　　　　　　　　〒530-0056　大阪市北区兎我野町15-13
　　　　　　　　TEL　(06) 6365-5606
　　　　　　　　FAX　(06) 6365-5607
　　　　　　　　振替　00970-3-127184

　　　　　デザイン　　　　ウエナカデザイン事務所
　　　　　イラスト　　　　むかいえり
　　　　　印　刷　　　　　尼崎印刷株式会社
　　　　　制作編集担当　　藤原幸祐

ISBN978-4-89428-966-6 C0037
乱丁・落丁本は、送料小社負担にてお取り替え致します。